Reinhold Ruthe

Als Single erfüllt leben

Reinhold Ruthe

Als Single erfüllt leben

Sexualität zwischen Lust und Frust

Brendow
VERLAG + MEDIEN

Die Deutsche Bibliothek – CIP-Einheitsaufnahme
Ein Titeldatensatz für diese Publikation ist bei
Der Deutschen Bibliothek erhältlich.

ISBN 3-87067-859-3
Edition C, M 266

Einbandgestaltung: Jens Vogelsang, Aachen
Satz: Convertex, Aachen
Druck und Bindung: Koninklijke Wöhrmann B.V., NL-Zutphen
Printed in The Netherlands

Gott nimmt dich an, so wie du bist.
Er sagt Ja zu dir, immer wieder Ja.
Er sagt:
Ich habe dich schon immer geliebt –
so wie du bist.

Karin Böhm

Inhalt

Vorwort

Bei uns gibt es Millionen von Menschen, die allein stehend sind. Sie werden Singles genannt. Und ihre Zahl wächst. Sie sind aus verschiedenen Gründen Singles. In den meisten Fällen beruht ihre Situation nicht auf einem freiwilligen Entschluss. Viele erleben ihr Single-Dasein als frustrierenden und nicht gerade zufrieden stellenden Zustand.

Es gibt eine ganze Reihe von Problemen, mit denen die Singles konfrontiert sind. Eins davon ist die Sexualität. Wir dürfen nicht glauben, dass, nur weil ein Mensch allein lebt, sexuelle Wünsche und Bedürfnisse automatisch außer Betrieb gesetzt sind.

Singles und Sex – das ist ein heikles Thema. Und gerade von Christen und in christlichen Gemeinden wird es gerne totgeschwiegen. Aber die Tatsachen und die Realität zwingen uns einfach dazu, offen mit diesem Thema umzugehen. Der lebendige Gott hat die Sexualität von Frauen und Männern geschaffen, also dürfen auch Christen sie nicht verschweigen. Wie sagte ein Bischof 200 Jahre nach Christi Geburt: „Wir sollen uns nicht schämen, die Dinge beim Namen zu nennen, die Gott sich nicht geschämt hat zu erschaffen." Ein klares und hilfreiches Wort.

In meiner Beratungs- und Seelsorgepraxis bin ich vielen Singles mit unterschiedlichen Fragen begegnet. Die einen haben schwere seelische Enttäuschungen hinter sich, andere sind von Frauen und Männern enttäuscht und wieder andere sind sexuell missbraucht worden. Ihre Erfahrungen, ihre persönlichen Nöte und ihre Glaubens- und Lebenszweifel sind auch in meine Ausführungen mit eingeflossen. Was sind die Motive, die zum Single-Dasein führen? Was verstehen wir unter Sexualität und welchen Stellenwert hat sie im Schöpfungsplan Gottes? Wie gehen allein Stehende mit ihrer Sexualität um? Wie schaffen sie es, ihren Alltag zu bewältigen? Wie kann man als Single erfüllt leben? Fragen, die ich in diesem Buch ansprechen möchte.

Noch zwei Stimmen zu unserem Thema, die ich als Einleitung anführen möchte:

Leo Tolstoi schrieb 1890 im Nachwort zur „Kreutzer-Sonate" einen Rat an Singles:

„Was hat der reine Jüngling, das keusche Mädchen zu tun? Sie sollen sich rein halten und der Verführung nicht nachgeben. Um alle ihre Kräfte dem Gottes- und Nächstendienst zu widmen, sollen sie nach immer größerer Reinheit ihrer Gedanken und Wünsche streben."

Und in einem Artikel der Zeitschrift „DRAN" schreiben die beiden Autoren Irmi Jotter und Martin Gundlach:

„Ein Jahrhundert später erhalten Singles ganz andere Botschaften aus ihrer Umgebung: ‚Ohne Sex ist dein Leben nur die Hälfte wert! Sex ist ein Grundbedürfnis wie essen und schlafen.' Stimmt so nicht – sagen die meisten christlichen Singles und verzichten bewusst auf Geschlechtsverkehr. Aber Sexualität, das Erleben der eigenen Geschlechtlichkeit und das Erleben erotischer Spannungen kennen alle."[1]

Doch schauen wir uns nun das Thema in den folgenden Kapiteln etwas genauer an.

Kapitel 1

Der Single und seine Motive

Das Single-Leben wird immer attraktiver. Das jedenfalls bestätigen die Zahlen, die in den letzten Jahren explosionsartig in die Höhe geschnellt sind. Doch was verbirgt sich hinter diesem neuen Trend? Dem möchte ich im Folgenden nachgehen.

Was verstehen wir unter Single-Sein?

Den Single gibt es nicht. Es gibt nur verschiedene Formen von Single-Sein.

1. Gruppe: Die Ledigen
Sie sind unverheiratet oder noch unverheiratet. Es gibt etliche unter ihnen, die sich zum Ledigsein berufen fühlen. Das kann aus Glaubensgründen sein oder auf einer negativen Lebenserfahrung beruhen.

2. Gruppe: Die Geschiedenen
Laut Statistik heiraten die meisten geschiedenen Männer wieder. Das trifft auch auf viele geschiedene Frauen zu. Aber nicht wenige sind nach der Scheidung bitter enttäuscht von der Ehe. Sie bleiben ledig und wollen auch ledig bleiben.

3. Gruppe: Witwen und Witwer
Sie haben ihren Partner verloren. Meist zählen sie nicht zu den Jüngeren, sondern zu den Älteren oder Alten.

4. Gruppe: Allein Erziehende
Es handelt sich um Ein-Eltern-Familien. Es können wiederum Ledige, Verwitwete oder auch Geschiedene sein.

Eindeutig ist, dass diese vier Gruppen unterschiedliche Bedürfnisse haben, ganz unterschiedlich auch auf sexuelle Bedürfnisse reagieren und ihr sexuelles Selbstverständnis sich voneinander abhebt.

Die Zahl der Singles wächst

Wie ist das zu erklären? Die Soziologen und Sexualwissenschaftler haben dafür eine Reihe von Erklärungen parat. Auch eine Titelgeschichte des „Spiegel“ beschäftigte sich mit diesem Thema. Hier ist von 12 Millionen Singles in Deutschland die Rede. In dem Artikel heißt es:

„Nun, am Ende des Jahrtausends, steht der Homo sapiens wie ein zugepfropfter Homunkulus da. Vereinsamung, Ängste und unsomatische, implodierende Seelenleiden treiben den Psychotherapeuten enorme Kundschaft zu. 25 % aller deutschen Großstädter sind nach Angaben des Bonner ‚Forschungsgutachtens zu Fragen eines Psychotherapeutengesetzes‘ neurotisch und beziehungsgestört. … Von der Volkskrankheit ‚Angst vor der Nähe‘ über die steigende Zahl impotenter Männer bis hin zu der von Sozialforschern ermittelten ‚zunehmenden Bindungsunfähigkeit‘ der Menschen … Zerfällt die Gesellschaft in einen Haufen masturbierender Monaden? Trendanalysen der Demographen legen diesen Verdacht nahe ... 12 Millionen Bundesbürger leben als Singles. Der Berliner Soziologe Alexander Schuller prägte bereits das böse Wort von der ‚Onanisierung der Sexualität'. Der entschlossenste Vorstoß hin zur autistischen und partnerlosen Erotik wird derzeit in den USA angebahnt."[1]

Die neusten Zahlen zeigen, dass Hamburg als Single-Hochburg angesehen wird. In fast jedem 2. Haushalt (48 %) lebt nur eine Person. Danach folgen Berlin (47 %) und Bremen (45 %). Wie das Statistische Bundesamt in Wiesbaden mitteilte, liegen die Anteile in den übrigen Bundesländern zwischen 29 % und 39 %.

Single-Sein ist in den meisten Fällen belastend

Wenn wir uns mit Gefahren der Sexualität beschäftigen, müssen wir zunächst fragen: Wie zufrieden sind die Singles mit ihrem Status? Wie kommen sie mit dem Leben zurecht?

Die Zeitschrift „Focus" brachte 1998 ebenfalls einen umfangreichen Artikel über Singles und eine Befragung der „Münchener Gesellschaft für Politik- und Sozialforschung". Das Ergebnis: Nur jeder fünfte Deutsche betrachtet den Status des Singles als attraktiv. 46 % der Befragten meinten, eine Trennung vom Partner würde für sie eine Katastrophe bedeuten. Etwa 45 % aller Befragten lehnen das Leben als Single kategorisch ab.

„Wenn auch das Ideal der romantischen Liebe ausgehöhlt wird, es zieht alle wieder heim ins Beziehungsreich; 85 % der deutschen Singles, so eine aktuelle Studie, dürsten nach einer Beziehung."[2]

Der Single-Status wird in erster Linie also nicht als erstrebenswert betrachtet, offensichtlich da das Single-Dasein mehr Probleme mit sich bringt als Vorzüge. Das lässt auch Rückschlüsse auf die Sexualität der Singles zu, denn der Ausdruck der Sexualität ist immer auch der Ausdruck unserer ganzheitlichen Verfassung. Die Realisierung der Sexualität ist immer auch die Realisierung unseres Lebensstils.

Die überwiegende Zahl der Artikel, die ich gelesen habe, und die Frauen und Männer, die mir in der Seelsorge und in der Beratungspraxis begegneten, sprachen in der Regel von Frustrationen, Entbehrungen und Enttäuschungen. Immer wieder taucht auch die Infragestellung durch das gesellschaftliche und soziale Umfeld auf. Singles fühlen sich bemitleidet und bedauert. Die meisten kämpfen heroisch und – sofern es sich um Christen handelt – ermutigend gegen diese von ihnen als solche empfundenen Provokationen an.

Dr. Friedemann, Leiter eines psychologischen Institutes in Amerika, fand folgende Gründe und Motive für das Single-Sein:

- Die meisten haben Angst vor der Verantwortung.
- Viele haben Angst, ihre persönliche Freiheit einzubüßen.
- Männer und Frauen haben Angst betrogen und enttäuscht zu werden.
- Männer glauben, Frauen seien heute nicht mehr vertrauenswürdig.
- Viele glauben, das Risiko für eine Ehe sei zu groß.
- Männer haben Angst, Frauen seien zu anspruchsvoll.
- Viele sehen in ihrer Umgebung gescheiterte Ehen und trauen sich nicht mehr.
- Frauen befürchten, Männer trügen negative Züge des Vaters.

- Frauen befürchten, in neue Abhängigkeitsverhältnisse zu geraten.
- Männer und Frauen fürchten Verbindlichkeiten und Verträge.

Wir wollen uns nun den Hauptaspekten, die den Singles zu schaffen machen, zuwenden.

Aspekt 1: Allein sein

Wie ein roter Faden ziehen sich durch alle schriftlichen Beiträge, aber auch durch die Aussprachen im Seelsorgebereich die Probleme der Einsamkeit und des Alleinseins. Da sind die freien Abende, mit denen man nichts anfangen kann. Da sind die langen Wochenenden, die trostlos dahinschleichen können.

Anita Hallemann – selber Single – schreibt dazu:

„Diese Art des Alleinseins bringt viele Gefahren mit sich, und gerade hier erleben viele Singles ihre Niederlagen. Sie entwickeln schädliche Gewohnheiten wie Rauchen, Trinken, Essen, Gammeln und unkontrolliertes Fernsehen. Sie geben sexuellen Bedürfnissen nach – von der Selbstbefriedigung bis ins Bett mit einer anderen Person –, leben mit Schuldgefühlen, die wiederum zerstörerische Folgen haben. Sie vergraben sich in Selbstmitleid und werden so Gefangene ihres negativen Denkens. Kein Wunder also, dass uns so viele missmutige, verbitterte, todunglückliche Singles begegnen.“[3]

Aspekt 2: Minderwertigkeitsgefühle

Viele Singles glauben nicht an sich. Sie halten sich nicht für besonders begehrenswert, attraktiv und liebenswert. Wenn ihre Freundschaften oder Beziehungen zerbrechen, geben sie sich die Schuld. Sie kommen sich zurückgelassen und beiseite geschoben vor. Ihr Selbstwertgefühl ist angeknackst, ihr Selbstvertrauen ist klein. Sie treten den Rückzug an, kapseln sich ab und verlieren den Kontakt zur Gemeinschaft. Ihre Selbsteinschätzung verstärkt auch die Fixierung auf die eigene Person mit allen dazugehörenden Gefährdungen.

Aspekt 3: Ambivalente Gefühle

Ambivalenz meint eine Doppelwertigkeit. Zwei widersprüchliche Haltungen machen dem Single zu schaffen: Auf der einen Seite will er Unabhängigkeit, Freiheit und Selbstständigkeit, auf der anderen Seite kann er aber nicht auf Nähe, Bindung und Zweisamkeit verzichten. Viele Singles sitzen zwischen den Stühlen. Sie wollen das runde Viereck – und das gibt es nicht.

Umfragen unter Jugendlichen am Hamburger Institut für Ehe- und Familienforschung bestätigen diese Ambivalenz anhand von Zahlen. Befragt wurden 3700 Jugendliche zwischen 14 und 18 Jahren. 77 % der Mädchen und 85 % der Jungen sehnen sich nach einer festen Partnerschaft in einer gemeinsamen Wohnung. Nach Eheglück und Kindern sehnen sich 51 % der Mädchen und 41 % der Jungen. Zweisamkeit, Geborgenheit und Nestwärme sind wichtig. Das Problem liegt jedoch darin, dass viele nicht mehr beziehungsfähig sind.[4]

Aspekt 4: Wechsel der Stimmungslage

Die ambivalente Gefühlslage spiegelt sich auch im Wechsel der Stimmungslagen wider. Die Gefühle pendeln hin und her. Freude und Schmerz, Down-Sein und High-Sein wechseln einander ab. Die Gefühle fahren Achterbahn. Viele Singles haben in ihrem Liebesleben Enttäuschungen erlebt. Und jetzt schwanken sie zwischen Euphorie – sie sind wieder frei und ungebunden – und depressiven Stimmungen, weil das Alleinsein quält. Alle Untersuchungen stimmen darin überein, dass Männer nach einer Liebesenttäuschung bedrückter und angeschlagener sind als Frauen in einer ähnlichen Situation. Dafür erleben Frauen das Single-Sein eher als Befreiung.

Aspekt 5: Angst vor Trennung

Viele junge Singles haben eine bodenlose Angst vor Trennung. Wie ist das zu verstehen? Im Umkreis ihrer Familie und ihrer Freunde, in Verwandt- und Nachbarschaft haben sie unzählige verkorkste Partnerschaften erlebt. Die Skepsis sitzt ihnen im Nacken.

Die Ehescheidungsziffern – jede dritte Ehe in Deutschland wird wieder geschieden; jede zweite Ehe ist gestört – fördern zusätzlich die Befürchtungen. Daher gehen viele junge Leute nur Beziehungen auf Zeit ein. Sie leben eine Umtausch-Liebe. Bei Nicht-Gefallen „Ware“ zurück. Die tiefe Sehnsucht nach Intimität und guter Beziehung, die sie aber in Kindheit und Jugend vielfach nicht erlebt haben, macht sie ängstlich und misstrauisch.

Aspekt 6: Der Ego-Trip

Mehr Menschen als je zuvor sind heute damit beschäftigt, ihre persönliche Fitness und ihr persönliches Wohlbefinden zu fördern.

Das trifft besonders auf Singles zu. Sie streben Erfolg und Anerkennung im Beruf an und kümmern sich somit in erster Linie um sich selbst. Für die Entwicklung einer Beziehung, für wirkliche Nähe, Intimität und Partnerschaft bleibt da kaum Zeit. Dabei erwarten sie in ihrem Bestreben nach Selbstverwirklichung Unterstützung durch die anderen. Nur wenige aber wollen selber Unterstützung geben. Statt Kooperation herrscht Konkurrenz.

Ein anderes Kapitel ist der Körper. „Der Körper ist zum Selbstdarstellungsmedium Nr. eins geworden. Wer wir sind, was wir sind – das wird im Wesentlichen durch Aussehen und Figur ausgedrückt. Das Streben nach körperlicher Perfektion wird immer mehr zum Zwang."[5]

So formuliert es eine psychologische Zeitschrift. Das alles führt zum strengen Regiment von Diäten, Schönheitszwängen und Fitness-Quälereien. Auch dieser Aktivitätsterror kann feste Partnerschaften verhindern. Das Wort „Euer Leib sei ein Tempel des Heiligen Geistes" wird pervertiert. Nicht der Heilige Geist regiert, sondern der Leib als Ware.

Nach einer gründlichen Analyse erkennt man, dass die gegenwärtig vorliegenden Zahlen in Bezug auf Singles falsch eingeschätzt werden. Spricht man von der Single-Gesellschaft, muss man auch die Gruppe der älteren Menschen dazurechnen. 65 % aller Frauen über 75 Jahre leben allein. In allen anderen Altersgruppen sind Singles in der Minderheit. Nur etwa 24 % der Singles gehören der Altersgruppe über 30 an. 13 % der Singles sind zwischen 30 und 40 Jahre alt. Drastisch zugenommen hat allerdings der Anteil der jungen Singles. Das Alter, in dem junge Menschen heiraten, ist hier sehr aufschlussreich: 1999 ist das Durchschnittsheiratsalter bei Männern auf über 30 Jahre angestiegen, bei Frauen liegt es bei 27 Jahren.

Eine Typologie der Singles

Den Single gibt es nicht. Aber es gibt verschiedene Typen. Es lohnt sich, die bewussten oder unbewussten Motive des Single-Seins zu analysieren. Welche Erlebnisse fördern das Ledigsein? Welche Erfahrungen lassen Menschen diese Lebensweise bevorzugen? Was hindert sie, freudig eine Partnerschaft einzugehen?

Die Singles, die mir in der Seelsorge und Beratungspraxis begegnet sind, lassen sich im Wesentlichen in zehn Typen kategorisieren:

Typ 1: Der Single, der den Traumpartner sucht

Dieser Typ sucht die Traumfrau oder den Traummann. Seine Vorstellungen von Ehe, Liebe und Partnerschaft atmen „Höhenluft“. Nur ein vollkommener Mann oder eine vollkommene Frau kommen für ihn infrage. Dabei hat er die Ansprüche sehr hoch angesetzt, wobei sie sich auf alles Mögliche beziehen können, zum Beispiel auf das Aussehen, auf die Bildung, auf den Glauben, auf die so genannte „Fehlerlosigkeit“ und so weiter. Der Durchschnitt kommt für ihn nicht infrage, nur das Optimale zählt. Vorstellungen, die mit Perfektion gekoppelt sind, spielen eine große Rolle. Da es diesen perfekten Partner aber nur sehr selten gibt, muss der Single des Typ 1 in der Regel auf seinen Traumpartner verzichten. Er bleibt also allein und sehnt sich über die Jahre hinweg nach einem solch außergewöhnlichen Menschen. Er leidet, lehnt aber gleichzeitig jedes Risiko ab. Unter Umständen klagt er die Welt, die Männer bzw. die Frauen, ja selbst Gott an, dass ihm sein Wunsch nach einem Traumpartner nicht erfüllt wird.

Wie sagten schon die weisen Alten: „Ich rate dir, heirate einen Engel!"

Typ 2: Der Single, der enttäuscht wurde

Er hat jahrelang einen Freund oder eine Freundin gehabt. Und ganz plötzlich ist er von heute auf morgen verlassen worden.

Dieser Single-Typ ist so enttäuscht und verbittert, dass er nie wieder einen weiteren Versuch starten will. Durch diese Haltung hat sich auch der Widerstand gegen das andere Geschlecht fest eingenistet. *Die* Männer werden mit einem Rundumschlag abqualifiziert. Oder *die* Frauen sind es nicht wert, dass man sie liebt. Der enttäuschte Single ist ein äußerst verletzlicher Mensch. Kränkungen und Demütigungen hält er unaufhörlich wach. Seine Verletzlichkeit hindert ihn auch daran, Enttäuschungen hinter sich zu lassen und neue Beziehungen einzugehen. Es leuchtet ein, dass er sich in seiner Haut weitgehend unwohl fühlt. Nicht wenige Singles des Typ 2 ziehen sich zurück, bedauern sich selbst und fliehen ins Selbstmitleid.

Typ 3: Der Single, der Karriere machen will

Vorrangig sind es Männer, die Beruf und Karriere über alles stellen. Dieser Single ist in erster Linie mit seinem Beruf verheiratet. Ehe und Partnerschaft beinhalten für ihn Einschränkungen, Verzicht und Freiheitsbeschneidung. Er will frei und ungebunden sein. Oft hat er ein Verhältnis, das von ihm aber bewusst auf Distanz gehalten wird. Er kommt, wenn er will, er geht, wenn es ihm passt. Seine Partnerin hofft und harrt, dass sich der Herr der Schöpfung womöglich eines Besseren besinnt, in der Regel aber bleibt es beim frommen Wunsch, wenn es sich um diesen Typ von Single handelt. Die eheliche Bindung ist ihm ein Dorn im Auge. Der mögliche Partner soll nicht zum Klotz am Bein werden, der sein Karrierestreben und seine Freiheitsbestrebungen zunichte machen könnte. Dieser männliche Single lebt zwar allein, pflegt aber immer wieder lose, unverbindliche Partnerschaften.

Der weibliche Single, der seine Karriere an die erste Stelle rückt, denkt ähnlich. Auch sie will sich nicht binden, lehnt feste Verhältnisse ab, leidet aber mehr als der männliche Single. Der Konflikt, sich zwischen einer Karriere oder einer festen Partnerschaft zu entscheiden, macht Frauen mehr zu schaffen als Männern.

Typ 4: Der Single, der nicht abgenabelt ist

Das ist der Single, der ans Elternhaus gebunden ist. Er wird von den Eltern so wunderbar betreut und versorgt, dass er wenig Neigung zeigt, das wohlige Nest zu verlassen. Die Annehmlichkeiten sind so groß, dass das „feindliche Leben“ ihn überhaupt nicht reizt. Er sehnt sich zwar nach einem liebevollen Partner, aber die Risiken, die mit einer Beziehung zu einem fremden Menschen verbunden sind, will er nicht eingehen. Er ist ein Nesthocker. Für ihn ist die häusliche Bequemlichkeit unverzichtbar.

Wie kommt es zu einem solchen Mangel an Abnabelung? Eine Möglichkeit ist eine Mutter, deren Ehe nicht glücklich verläuft und die sich an ihre Kinder – oder an ein bestimmtes Kind – klammert. Und diese Kinder lassen sich gerne festhalten und verwöhnen. Die Selbstständigkeit wird unterlaufen, die Mündigkeit lässt auf sich warten.

Auch kranke und behinderte Menschen, die auf Pflege und Betreuung angewiesen sind, bleiben ans Elternhaus gefesselt. Ihre Sehnsucht nach einem Partner bleibt hypothetisch. Die völlige Abnabelung bleibt ihnen häufig verwehrt.

Die mangelnde Verantwortungsbereitschaft macht den Typ 4 unreif und beeinträchtigt seine Beziehungsfähigkeit. Er hat es einfach nicht gelernt, das Leben selbstständig und eigenverantwortlich zu meistern.

Typ 5: Der Single, der als Kind missbraucht wurde

In der Regel sind es Mädchen, die von Brüdern, Vätern, Stiefvätern, Großvätern oder Verwandten der Familie missbraucht wurden. Man sagt, dass im Verhältnis zehnmal mehr Mädchen davon betroffen sind als Jungen. Je hässlicher, brutaler und abstoßender dieser Missbrauch praktiziert wurde, desto abwehrender verhält sich die erwachsene Frau gegenüber Männern.

Sie sehnt sich nach Liebe, Verständnis und Geborgenheit, aber sie hat eine panische Angst davor, dass Männer ihre sexuellen Wünsche und Bedürfnisse mit Gewalt durchsetzen könnten. Es leuchtet ein, dass ihre Partnerschaftsfähigkeit eingeschränkt ist.

Ein Teil dieser missbrauchten Singles lebt in der Zerrissenheit. Sie sehnen sich nach Liebe und können sie gleichzeitig nicht verwirklichen. Sie möchten Liebe empfangen, können sie aber nicht annehmen. Dieser Widerspruch ist typisch für ein Krankheitsbild, das wir heute „Borderline-Störung“ nennen. Ein Großteil der Menschen, die Borderline-Störungen aufweisen, sind als Kinder missbraucht worden. Ihr Verhältnis zum anderen Geschlecht ist tief gestört. Viele davon bleiben später allein, andere gehen verbindliche Partnerschaften ein, die aber häufig nicht problemlos verlaufen.

Typ 6: Der Single, der gleichgeschlechtliche Neigungen erlebt

Die Reaktionen von Frauen und Männern, die von klein auf oder erst später im Leben gleichgeschlechtliche Neigungen erleben, sind unterschiedlich. Die einen wissen, dass sie zur Ehe und zur heterogeschlechtlichen Partnerschaft nicht geeignet sind. Sie gehen dem anderen Geschlecht bewusst aus dem Wege.

Häufig realisieren Frauen ihre lesbischen Neigungen erst später. Viele haben schon Freundschaften mit Männern, ja vielleicht schon eine Ehe hinter sich, bevor ihnen ihre gleichgeschlechtlichen Gefühle bewusst wurden. Ein Teil dieser Frauen bleibt unverheiratet. Einige wollen sich bewusst nicht auf eine intensive lesbische Beziehung einlassen, andere pflegen Freundschaftsbeziehungen mit Frauen und wieder andere bleiben allein und lassen sich gelegentlich auf sexuelle Kontakte ein.

Dagegen schaffen es nur wenig Männer, ihre homosexuellen Bedürfnisse ohne einen Partner zu realisieren. In ihrem Single-Sein kommt es häufig zu partnerschaftlichen Begegnungen und sexuellen Kontakten. Nur wenigen gelingt es, eine langjährige, verbindliche und zufrieden stellende gleichgeschlechtliche Beziehung aufrechtzuerhalten.

Bewusste Christen, die gleichgeschlechtliche Neigungen verspüren, kommen in schwere seelische Konflikte, weil biblische Maßstäbe und der Wunsch nach sexueller Erfüllung ihr Leben belasten.

Typ 7: Der Single, der „zu stark" ist

In der Regel sind Frauen Vertreter dieses Typs. Sie war vermutlich das älteste von mehreren Geschwistern und musste schon als Kind Verantwortung übernehmen. Sie ließ sich nicht die „Butter vom Brot" nehmen. Oft war sie als Mädchen Mutters Stellvertreterin und kümmerte sich um die Geschwister. Nicht selten war die Mutter schwach und krank und die Älteste managte den Haushalt. Auch das eigene Leben hatte sie im Griff. Sie wusste, was sie wollte. Freunde und mögliche Liebespartner bekamen das zu spüren. Sie war nicht der Typ des süßen Püppchens, das sich anlehnte und die Männer bewunderte. Mögliche Beschützer spürten in kurzer Zeit, dass es hier nichts zu beschützen gibt. Dieser Single-Typ liebt die Freiheit, ist selbstständig, unabhängig und selbstvertrauend. Viele Männer machen einen großen Bogen um sie. Sie mag hübsch und attraktiv sein, aber ihre Power schreckt ab – es sei denn, schwache und entscheidungsarme Männer umschwirren sie. Dann kann diese Frau auf jene Männer fliegen. Sie übernimmt ihre alte Rolle aus der Kindheit und kümmert sich mütterlich um die „kleinen Brüder“.

Allerdings kann diese Frau Probleme mit ihrer Rolle haben. Sie beklagt sich, bleibt allein und kümmert sich um ihr Leben, das ihr auch gelingt. Erfolgreich steht sie „ihren Mann“. Nur gelegentlich packt sie der Neid, wenn sie Paare sieht, die harmonisch und glücklich das Leben zu zweit meistern. In der Tat, hier haben starke Frauen ihre Schwäche.

Typ 8: Die Single-Frau, die an der emotionalen Zurückhaltung der Männer scheitert

Hier kommen wir zu einem Kernaspekt vieler zwischenmenschlicher Tragödien. In der Seelsorge- und Beratungspraxis schildern Frauen oft ihre bitteren Enttäuschungen über das andere Geschlecht. Sie möchten gerne mit ihnen über Beziehungen sprechen, über Gefühle und Probleme. Doch sie haben das Gefühl, den Anfang machen zu müssen, um den Partner aus der Reserve zu locken. Männer aber erzählen selten, dass sie niedergeschlagen und bedrückt sind. Und wenn sie es schwierig finden, sich auszudrücken, ziehen sie sich zurück. Frauen möchten alles mit dem anderen teilen, doch sie haben ständig das Gefühl, mehr an Gefühl und Zuwendung investieren zu müssen, als sie zurückbekommen. Männer sind zwar nicht aggressiv, richten aber zwischen sich und ihrer Partnerin eine Mauer auf. Sie halten sie auf Distanz. Mit dieser praktizierten Distanz wollen sie das Heft in der Hand behalten. Frauen verbringen viel Zeit damit, herauszufinden, was denn wohl im Innern ihres Partners vor sich geht. Sie beginnen, ihm mehr und mehr zu gefallen, und tun alles, was er möchte. Sie versuchen, das Feuer der Liebe, das in den ersten Monaten des Kennenlernens kräftig brannte, neu zu entfachen. Viele Frauen geraten – wenn auch unbemerkt – in einen Machtkampf. Sie reden und kämpfen, sie nörgeln und locken und nesteln verbal und nonverbal an ihm herum, bis er sich noch mehr verschließt und ganz zumacht. Dieser Rückzug ins Schweigen wird häufig als Mangel an Kommunikation bezeichnet. Viele Frauen sind ratlos und fragen sich: „Will er nicht sprechen oder kann er nicht?"

Männer dagegen wollen keine Schwäche zeigen und Gefühle gehören für sie in die Kategorie der Schwäche. Sie greifen viele Probleme nicht auf, die Frauen ihnen berichten.

Was ist die Folge? Welche Wirkung hat der Gefühlsentzug? Nun, die Frauen sind frustriert. Sie entwickeln Panikgefühle und Unsicherheit. Anfänglich war er doch lieb, zärtlich, hörte zu, reagierte auf alle Fragen und Probleme. Nachdem er sie erobert hatte, erstarrte er mehr und mehr. Viele Frauen machen verzweifelte Versuche, das Steuer der Kommunikation herumzureißen. Ihre Partner erleben ihre Unzufriedenheit, können sie aber nicht deuten. Plötzlich packen die Frauen ihre Koffer, während die Männer wie begossene Pudel dastehen und die Welt nicht mehr verstehen. Alles, was sie zu sagen wissen: „Frauen sind schon eine komische Sache!" Kein Blick auf die eigene Schwäche, kein Infragestellen des eigenen Verhaltens. Dabei sind es die Männer, die sich weigern, ihren Gefühlen Ausdruck zu verleihen und der Partnerin Einblicke in ihr Innenleben zu gewähren. Ihre Verschlossenheit ist es, die Frauen verletzt und verunsichert. Ist es da tatsächlich ein Wunder, dass tausende von Frauen täglich nach Tabletten, Schokolade, Zigaretten oder Alkohol greifen, um ihre ungesättigten Gefühle zu befriedigen?

Wie viele Single-Frauen haben solch bittere Erfahrungen mit Männern gemacht? Weil sie sich kein Leid mehr zufügen wollen, versuchen sie allein zu leben.

Typ 9: Der Single-Mann, für den Frauen eine Nebenrolle spielen

Der Mann, „das ambivalente Wesen". Er kann unglaublich zärtlich, redselig und charmant sein, wenn er etwas *will.*

In der Tat sind viele Frauen nicht sicher, ob sie von ihrem Partner wirklich geliebt werden, denn die Botschaften, die Männer aussenden, sind doppeldeutig. Nicht wenig Frauen geben sich die größte Mühe, Klarheit in diesen Wirrwarr zu bringen.

Solange Frauen sich zurückhalten und den sie umwerbenden Mann an der Angel zappeln lassen, ist er aufmerksam, hört alles und kommentiert alles. Ist die Werbephase abgeschlossen, hat er sein Ziel erreicht – das für ihn häufig mit sexueller Erfüllung einhergeht –, lässt seine Aktivität nach. Jetzt ist die Frau dran, ihm ihre Liebe zu zeigen.

Viele Männer fühlen sich wie kleine Stars. Sie müssen dafür noch nicht einmal berühmt sein wie der Bundeskanzler, keine Millionäre, Showmaster im Fernsehen oder Chefs von großen Unternehmen sein. Es genügt, dass sie im Mittelpunkt stehen. Alles muss sich um sie drehen. Auf Geburtstagsfeiern, Partys, bei Treffen mit Freunden, in Gemeindeversammlungen oder im Hauskreis – überall stehen sie im Mittelpunkt. Die einen sind Stimmungskanonen und haben stets die neuesten Witze auf Lager. Sie versprühen viel Charme und sind der Meinung, dass ihre Ideen und Gedanken wichtiger sind als die der Frauen. Ihre Bedürfnisse stehen an erster Stelle.

Dann gibt es die Alles- und Besserwisser, die *sachlich* das Feld beherrschen. Der aktuelle Konflikt irgendwo auf der Welt, das neue Automodell, die Wahl in einem Bundesland, der Kurssturz einer bestimmten Aktie – sie können alles bis ins kleinste Detail mit ihrem Wissen beschreiben. Frauen dürfen nur nicken und den „Fachmann" anhimmeln. Diese Männer hören nur auf „männliche" Argumente, die „weiblichen" werden überhört. Frauen sind ja sowieso inkompetent. Diese Männer wundern sich, dass sie eines Tages allein dastehen. Dass die Single-Gesellschaft stetig anwächst, dafür ist auch dieser Männertyp mit verantwortlich. Frauen spielen dieses schäbige Spiel nicht mit.

Typ 10: Der Single, der eine göttliche Berufung verspürt

Wahrscheinlich ist dieser Single-Typ auch der im weitesten Sinne zufriedenste, denn er weiß sich von Gott geführt und nimmt sein Ledigsein aus Gottes Hand. Zahlenmäßig dürfte es sich meiner Vermutung nach um die kleinste Single-Gruppe handeln. Im Prinzip hadert dieser Typ nicht mit seinem Schicksal, sondern möchte die Berufung Gottes leben. Diese Berufung ist häufig mit speziellen Lebensaufgaben verknüpft. Nicht wenige dieses Single-Typs leben zum Beispiel als Priester, Missionare bzw. Missionarinnen oder kümmern sich um kranke, behinderte oder seelisch gestörte Menschen. Sie gehen völlig in ihrer Berufung auf und verzichten vielfach auf eine eigene Lebensverwirklichung. Ein problemloser Umgang mit der Sexualität fällt auch ihnen nicht in den Schoß, aber ein zentraler Punkt in ihrem Alltagsleben ist die Sexualität nicht. Sie erwarten von Gott die Kraft zur Bewältigung, weil er sie ja auch berufen hat. „Denn so wie Gott Christus, den Herrn, vom Tode erweckt hat, so wird seine Macht auch uns zum neuen Leben erwecken" (1. Korinther 6,14).

Im Neuen Testament würdigt Jesus diese Single-Typen, wenn er sagt: „Denn etliche enthalten sich der Ehe, weil sie von Geburt an zur Ehe unfähig sind; etliche enthalten sich, weil sie von Menschen zur Ehe untauglich gemacht sind; und etliche enthalten sich, weil sie um des Himmelreichs willen auf die Ehe verzichten. Wer es fassen kann, erfasse es!" (Matthäus 19,12)

Auch Paulus äußert sich als Single über diese Berufenen: „Ich wollte wohl lieber, alle Menschen wären, wie ich bin; denn ein jeglicher hat seine eigene Gabe von Gott, einer so, der andere so. Den Ledigen und Witwen sage ich: Es ist ihnen gut, wenn sie auch bleiben wie ich. Wenn sie sich aber nicht können enthalten, dass sie freien, so lass sie freien. Es ist besser zu freien, als von Begierde verzehrt werden" (1. Korinther 7,7-9).

Es versteht sich von selbst, dass auch diese Singles nicht problemlos durchs Leben kommen. Auch sie erfahren viele einsame Stunden, sehnen sich nach sexueller Erfüllung und haben freimütig auf die ganzheitliche Erfüllung verzichtet. Ihnen bleiben – wie den Verheirateten – Spannungen und Frustrationen nicht erspart, gehören sie doch zum menschlichen Leben dazu.

Das Single-Sein als neue Lebensform

Wenn in unseren Großstädten fast 50 % der Erwachsenen in Einpersonenhaushalten leben, bedeutet das noch nicht, dass auch alle wirklich allein leben. Der statistische Begriff „Einpersonenhaushalt“ bedeutet lediglich, dass dort nur eine Person gemeldet ist. Dennoch haben wir es – bei allem Für und Wider – mit einer neuen Lebensform zu tun, die etwas darüber verrät, wie moderne Menschen in einem veränderten gesellschaftlichen Rahmen mit ihrem individuellen Leben umgehen. Offenbar haben sie neue, erstrebenswerte Ziele gefunden. Welche sozialen und psychischen Fakten haben diese Lebensform ermöglicht?

Hinweis 1: Eine allgemein gut situierte Gesellschaft

Menschen, die in einer ärmeren Gesellschaft als Singles leben wollten, könnten sich das nicht leisten. Viele von ihnen würden in materiellem Elend versinken. Das Single-Leben ist teuer, denn Singles tragen die Wohnungskosten allein, schaffen sich unter Umständen luxuriöse Konsumgüter an und wollen natürlich auch auf Fernseher, Geschirrspüler, Waschmaschinen und Bügelautomaten und vieles mehr nicht verzichten. Wie erging es den Singles in der Feudalzeit? Knechte und Mägde lebten im Verband der bäuerlichen Familie. Unverheiratete Familienmitglieder nahmen Erziehungsaufgaben bei Familienangehörigen wahr. Ähnlich ergeht es auch heute noch den Singles in der Dritten Welt. Für die meisten ist es unmöglich, allein zu leben. Nur Clans, Sippen und der Zusammenhalt von Gruppen garantieren ihnen ein Überleben.

Ein weiterer Gesichtspunkt, der die Single-Gesellschaft ermöglicht hat, ist die Emanzipation und die Gleichberechtigung der Frau.

Hinweis 2: Eine Arbeitsmarktlogik, die das Single-Sein fördert

Unsere moderne Arbeitswelt erwartet uneingeschränkte Mobilität, zerstört auf der anderen Seite damit aber soziale Bindungen. Die Logik des Marktes steht der Logik enger, verbindlicher Beziehungen entgegen. Die Ehe wird dadurch immer mehr in Frage gestellt, die Voraussetzung für dauerhafte Zweisamkeit durch die Logik des Marktes behindert. Nicht umsonst sprechen wir von „Pendler-Ehen“, „Wochenend-Ehen“ und „Ehen auf Distanz“. Die klassische Familie mit Vater, Mutter und zwei Kindern kann vor diesem Hintergrund nicht mehr als das Absolute angesehen werden. Und dadurch etabliert sich auch die neue Lebensform des Single-Seins immer mehr. Nur noch 25 % aller Erwachsenen leben in der althergebrachten „Standard-Familie“.

Hinweis 3: Der neue Sozialisationstyp des Narzissten

Fachleute sprechen heute von einem autistischen und narzisstischen Zeitalter. Was kennzeichnet den Narzissten?

Das Wort ist abgeleitet vom griechischen Wort Narziss. Narziss war ein Jüngling in der Mythologie, der sich in Liebe zu seinem Spiegelbild verzehrte. Narzissmus meint also die erotische Hinwendung zum eigenen Körper, die Verliebtheit in sich selbst.

Doch welche Folgen hat die narzisstische Entwicklung unserer Gesellschaft?

- Die Bindungslosigkeit wird zunehmend größer.
- Der Mensch verschafft sich mit allen Mitteln seinen Genuss.
- Der Mensch denkt egozentrisch nur an sich, ohne Rücksicht auf andere zu nehmen.
- Die narzisstische Persönlichkeit wird von ihren eigenen Begierden zerstört.
- Körperlich-sexuelle Befriedigung wird gesucht, ohne eine Bindung mit dem Partner einzugehen.

Ich denke, es wird deutlich, dass diese Aspekte das Single-Sein fördern, denn die narzisstischen Eigenarten demonstrieren, was viele Singles widerspiegeln: Sie sind bindungsscheuer und verantwortungsloser. Und weil heutzutage viele Menschen schon bei den kleinsten Konflikten auseinander laufen, nimmt die Zahl der Singles ständig zu, die ihren Egoismus kultivieren und ihre Selbstbezogenheit fördern. Das viel beschworene Wir-Gefühl tendiert unaufhaltsam zum Ich-Gefühl.

Der Persönlichkeitstyp der 90er-Jahre

Die Diplompsychologin Ursula Nuber hat den Menschen der 90er-Jahre so charakterisiert:

„Der moderne Egoismus ist am deutlichsten verkörpert in einem vorherrschenden Persönlichkeitstyp der 90er-Jahre: dem ‚Yuppie' (**Y**oung **U**rban **P**rofessional **P**eople), wie er in der Trendsprache genannt wird. Für die ‚Yuppies', so der Psychologe Siegfried Tonscheidt, zählt ‚Leistung und wirtschaftlicher Erfolg, zwischenmenschliche Beziehungen bleiben oberflächlich, werden funktionalisiert und geknüpft und aufgegeben, wie es den eigenen Zwecken, dem beruflichen Vorkommen oder wirtschaftlichem Vorteil dient. Der Yuppie ist und bleibt auch in Beziehungen ein Single, Partnerschaften werden auf Distanz geführt, wobei jeder vordringlich den eigenen Beruf, die Karriere vorantreibt.‘ In der psychologischen Fachsprache werden Eigenschaften dieser Art als narzisstisch bezeichnet.“[6]

Dieser Egoismus hat nicht nur das eigene Wohl im Auge, er benötigt immer auch ein Gegenüber, einen anderen Menschen, der diesem Wohl dient. Der moderne Egoismus ist narzisstisch. Das Lebensmotto dieser Menschen lautet:

- Erst komme ich, dann kommen die anderen.
- Erst kommen meine Bedürfnisse, dann erst die der anderen.
- Was kann ich bekommen? Wo ist Profit zu machen?
- Tief gehende Gefühle passen nicht in die Leistungsgesellschaft.
- Beruf und Ziele, für die ich lebe, haben Vorrang.
- Unabhängigkeit und Selbstständigkeit haben Priorität.
- Im Beruf muss ich mich anpassen, im Privatleben bin ich dazu nicht bereit.
- Beziehungen, die mir nichts bringen, lehne ich ab.
- Wenn ich Besitz habe, werde ich akzeptiert, habe ich nichts, werde ich übergangen.

In der Seelsorge- und Beratungspraxis erlebe ich, dass diese „narzisstischen Störungen“ zunehmen. Menschen zeigen ein übertriebenes Gefühl für Leistung, Begabung und die Konzentration auf die eigene Person. Sie werden beherrscht von grenzenlosen Fantasien um Macht, Schönheit, Ideale und Liebe.

Immer geht es um Aufmerksamkeit, Bewunderung und Bestätigung. Und sofort ergeben sich daraus Beziehungsschwierigkeiten. Die Anspruchshaltung ist übertrieben, die Erwartungen sind zu hoch und die Übernahme von Verpflichtungen klein. Deshalb stellen sie auch andere Menschen in ihren Dienst. Der Mitmensch wird entweder idealisiert oder abgewertet. Kälte und Rücksichtslosigkeit, welche die Karriere gefördert hatten, schlagen sich auf einmal in zwischenmenschlicher Vereinsamung nieder. Verzicht, Nächstenliebe und Einfühlungsvermögen werden zu Fremdwörtern. Die Distanz zum Mitmenschen wird größer und das Misstrauen nimmt zu.

Einer der bedeutendsten Ehe-Therapeuten in Europa, Professor Jürg Willi aus der Schweiz, spricht ebenfalls davon, dass wir auf dem Wege sind, eine autistische und narzisstische Gesellschaft zu werden. Seine Kernaussagen, die die wachsende Zahl der Singles begründen, lassen sich in folgenden Stichworten zusammenfassen:

- Zunehmende Bindungslosigkeit,
- Vereinsamung,
- Angst vor Nähe,
- partnerlose Erotik,
- zunehmender Autismus und Narzissmus,
- partnerloses Glückssurrogat: Cybersex, virtuelle Erotik per Computer.

Egoismus, der die eigenen Bedürfnisse extrem in den Vordergrund stellt, kennzeichnet zunehmend die Persönlichkeit des Menschen um die Jahrtausendwende. Diese „narzisstischen Störungen“ kennzeichnen zwar die gesamte Gesellschaft, aber viele Singles sind ein negatives Abbild dieser Egozentrik.

In seiner Endzeitrede kennzeichnet Jesus diesen Zustand folgendermaßen: „Seht euch vor, dass niemand euch irreführe ... Auch falsche Propheten werden in großer Zahl auftreten und viele irreführen; und weil die Gesetzlosigkeit überhand nimmt, wird die Liebe in den meisten erkalten" (Matthäus 24,4,11+12).

Die Irreführung ist perfekt, die Propheten der Selbstverwirklichung haben Unzählige beeinflusst, die Gesetzlosigkeit ist an der Tagesordnung. Der Mensch erstickt in seinem Egoismus. Und das Tragische: „Die Liebe wird in den meisten erkalten."

Positive Aspekte des Single-Daseins

Freiheit ist eins der Schlagwörter der Gegenwart. Die meisten Menschen wünschen sich, frei zu sein, wollen ungebunden und unverbindlich leben.

Anita Hallemann, Internatsleiterin der Bibelschule Brake in Lemgo, schreibt:

„Singles sind frei für ihren Beruf, ihre Karriere, für ein Gestalten der Freizeit nach eigenem Geschmack, für einen großen Freundeskreis, für ein Heim, das anderen Stätte der Geborgenheit werden kann, für ein Leben mit Gott.

Wenn in 1. Korinther 7,32-34 steht, dass Singles sich unbelastet um die Sache Gottes kümmern können, dann wird dadurch zum Ausdruck gebracht, dass Ehelosigkeit positiv zu bewerten ist, dass selbst in der Ehelosigkeit Glück zu finden ist ... Ledigsein und Verheiratetsein – beides sind Gaben Gottes, und Gaben können sich verändern ... Bei Gott können auch Singles zur inneren Ruhe kommen. In seiner Gegenwart erleben sie Zufriedenheit und Erfüllung.“[7]

Das sind die positiven Aspekte des Single-Daseins. Frau Hallemann hat auch die kritischen und negativen beschrieben, die an anderer Stelle noch zur Sprache kommen sollen. Singles können in der Tat ihren Alltag und ihren Sonntag unabhängig und frei gestalten. Sie haben es in der Hand, wie sie ihrem Leben Profil geben und wie sie sich als Sexualwesen Frau und Sexualwesen Mann in dieser Welt verwirklichen. Und je kreativer und aktiver sie in ihrer Unabhängigkeit agieren, desto sinnerfüllter und auch sexuell erfüllter werden sie leben können.

Bei aller Problematik des Single-Seins sollte dieser Aspekt deutlich ausgesprochen werden. Gott hat viele Menschen zur Ehelosigkeit und zum Single-Sein berufen. Sie haben in der Gemeinde Jesu ganz sicher einen gesegneten Dienst getan.

Kapitel 2

Der Single und wie er mit seiner Situation umgeht

Wie geht ein Single mit seiner Situation um? Darauf gibt es keine allgemein gültige Antwort. Wir haben ja gesehen, dass es *den* Single nicht gibt. Folglich gibt es auch unterschiedliche Möglichkeiten der Lebensgestaltung. Zugespitzt kann man allerdings sagen, dass die Mehrheit diese Lebensform nicht als befriedigend ansieht. Viele Wünsche und Bedürfnisse bleiben offen. Je nach charakterlicher Eigenart leiden die einen mehr als die anderen.

Das Alleinsein und die große Suche

In der christlichen Schweizer Zeitschrift „W 5" (**W**er, **w**ie, **w**as, **w**o und **w**arum) stand ein interessanter Artikel über Singles.

Diese Zeitschrift befragte im Folgenden drei weibliche Singles im Alter zwischen 22 und 42 Jahren:

W 5: Wo sucht ihr denn einen Freund, wenn es in eurer Gemeinde niemanden mehr gibt, der in Frage kommt?
Zoe: Ich gehe zu Veranstaltungen anderer Gemeinden und hoffe, dass ich dort vielleicht jemanden treffe. Man muss sich auch mal an einen anderen Ort wagen. Sonst lernst du nie jemanden kennen.

W 5: Kann das nicht auch hemmend sein? Du trittst in den Raum und checkst ab, wer infrage kommt.
Alice: Wenn mich das Alleinsein beschäftigt, kann ich fast nichts anderes tun, als überall zu schauen, ob es einen interessanten Mann gibt!
Zoe: Ja, das machst du automatisch.
Ines: Wie einer, der ein neues Auto will. Der schaut sich auch überall danach um. *(Allgemeines Gelächter)* ...
Ines: Mir fällt ein Unterschied zwischen den frommen und den anderen Männern auf. Nicht fromme Männer gehen ganz anders auf Frauen zu. Sie können Komplimente machen, können sagen: ‚Du bist toll, kommst du mal mit in den Ausgang?' Sie sind spontaner und direkter. Die frommen Männer müssen zuerst zehn Jahre beten, bevor sie etwas unternehmen oder sagen. Und dann ist es meist schon gelaufen. Irgendwie verkrampft."[1]

Die drei Interview-Partnerinnen bestätigen, dass die Einsamkeit ihnen eigentlich zu schaffen macht. Diese Single-Frauen wollen nicht nur ein guter Kumpel für die Partner sein, sondern mehr.

Als ich vor einiger Zeit als Referent an einer Korsika-Freizeit teilnahm, hatte ich viele Gespräche mit Teilnehmern, die Singles waren. Besonders die Single-Frauen bestätigten mir, dass sie in erster Linie angereist seien, um vielleicht einen Mann kennen zu lernen. Auch ihnen machte das Alleinsein zu schaffen. „Alleinsein ist wie eine körperliche Bedrohung. Du bist hilflos, ausgeliefert und nur die vier Wände halten deine Persönlichkeit zusammen." Ein ehrliches Bekenntnis einer Single-Frau.

Singles am Abend und am Wochenende

Auch hier gibt es natürlich viele unterschiedliche Erfahrungen und daher sind die Gestaltungsweisen ebenfalls unterschiedlich.

Dirk S. ist ein Morgenmuffel und kommt erst am Abend richtig in Schwung. Schon den ganzen Tag über freut er sich auf seinen Computer. Er ist Designer und in seinen Mac verliebt. Am Abend, wo ihn niemand stört, macht er Entwürfe und verdient nebenbei viel Geld. Er arbeitet für Firmen, die er als Angestellter während seiner Arbeitszeit kennen gelernt hat. Herr S. ist glücklich, dass er seinen Beruf zum Hobby gemacht hat. Müdigkeit kennt er nicht, er kann ja kreativ seine Ideen verwerten. Er will keine feste Partnerin, sie würde nur seine Kreise stören.

Zu schaffen macht ihm lediglich seine Selbstbefriedigung, die er einige Male in der Woche praktiziert, um nicht von sexuellen Fantasien und erotischen Wachtraumreisen abgelenkt zu werden. Für ihn sind es „hässliche Unterbrechungen", die er halt in Kauf nehmen muss. Er war mal Christ, hält aber heute eine ernste Nachfolge für unvereinbar mit der Leistungsgesellschaft. „Die Zeit ist mir zu schade, ich will mein Leben sinnvoll gestalten."

Dirk S. ist ausgesprochen introvertiert. Die Arbeit ist für ihn zur Flucht aus partnerschaftlichen Beziehungen geworden. Mit dem Computer kann er kommunizieren, aber nicht mit Menschen aus Fleisch und Blut. Die äußern tausend Wünsche und wollen sich mit ihm über Unwesentliches unterhalten. Er ist durch und durch Pragmatiker, der selbst eine Hausangestellte, die ja täglich anwesend wäre, für eine schwere Belastung hielte.

Die geschenkten Abende hält er für eine persönliche Bereicherung, aber die Wochenenden machen ihm des Öfteren Angst. Er schläft lange, aber dann „fehlt ihm etwas". Arbeiten kann und will er nicht. Das Kochen ist ihm eine Qual. Seine Fastfood-Speisen hängen ihm zum Hals heraus. Freunde hat er nicht, und als Single will er nicht im Lokal sitzen und zufriedene Paare anstarren müssen. Sein Zufriedenheitsbarometer sackt an den Wochenenden gehörig in den Keller.

Elke W. dagegen hat es merklich schwerer. Ich lernte sie in einer Kirchengemeinde nach einem Vortrag kennen. Als sie mich ansprach, errötete sie, das fiel mir gleich auf. Sie brauche „ganz dringend" Gespräche, sonst drehe sie durch. Wir vereinbarten einen Termin.

Ihre Hände waren nass geschwitzt, als sie zum ersten Gespräch kam. Elke W. ist Verkäuferin in einem großen Kaufhaus. Ihre 32 Jahre sieht man ihr nicht an. Von Hause aus ist sie eher eine depressive Natur. Alles im Leben nimmt sie ernster, ja sogar tragischer. Auf Kritik von Chefs und Kollegen reagiert sie beleidigt. Eine Freundschaft mit einem jungen Mann ist ebenfalls an ihrer Empfindlichkeit gescheitert. In einem Kreis für junge Erwachsene innerhalb ihrer Freikirche war sie so lange aktiv, wie die Freundschaft mit dem jungen Mann anhielt. Als der sie jedoch plötzlich wortlos verließ, erlebte sie sich in ihrem Selbstwert gestört. Sie verließ den Kreis junger Erwachsener, der vorwiegend aus festen Pärchen bestand, denn sie fühlte sich abserviert und übergangen. Der junge Mann war der erste Liebhaber in ihrem Leben gewesen und hatte ihre sexuellen Wünsche und Sehnsüchte geweckt.

Zwei gute Freundinnen, mit denen sie zwischendrin eine

enge Freundschaft pflegte, haben sich in Männer verliebt und fallen daher für Kontakte und Gespräche aus. Frau W. ist ein Mensch, der reden muss, der Gespräche braucht wie das tägliche Brot. Sie kann Erlebnisse ohne Austausch nicht speichern. Ihr fällt die Decke auf den Kopf, wenn sie keine Verabredungen hat. Die Abende und Wochenenden werden für sie zu „Horrortrips“.

„Wenn ich in meine Zweizimmerwohnung komme, drückt mir die Stille die Kehle zu. Alles schweigt und ich werde zu einem lebendigen Leichnam. Wenn ich den Fernseher einschalte, habe ich zwar eine Geräuschkulisse und Leben, aber es ist nicht echt, es ist künstlich. Ich vermisse die Begegnung.“

Das Schlimmste aber ist für sie die „Onanie“, die sie auch so benennt. Sie glaubt, keine Christin mehr zu sein, weil diese Sucht ihr Leben beherrscht und zerstört. „Ich bin willenlos diesem Zwang ausgeliefert. Keinen Abend kann ich ohne Onanie zu Bett gehen. Ich muss es tun, sonst kann ich nicht schlafen. Meine Gedanken dagegen sind völlig wertlos. Gott hat mich wegen dieser Sünde im Stich gelassen.“

Elke W. glaubt, nicht mehr normal zu sein. Ihre „krankhafte Onaniesucht“ hat sie an die Grenze der Selbstzerstörung gebracht. Sie hat das Gefühl, man sähe ihr die „Krankheit“ an. Der Rückzug in die Isolation verstärkt ihre Selbstmordfantasien. Nicht einmal der Glaube an Gott, sondern lediglich die Angst, den Selbstmord ungeschickt und unvollkommen zu praktizieren, hat sie bisher davon abgehalten, ihn auch durchzuführen.

Ich möchte an dieser Stelle einige Hinweise zum Beratungsgeschehen geben, um zu verdeutlichen, dass eine Veränderung durchaus möglich ist.

Hinweis 1: Single-Männer und Single-Frauen reagieren unterschiedlich

Dirk S. ist ein typischer Vertreter der introvertierten Menschen, die als Einzelgänger ihren Weg gehen. Beziehungen werden klein, der Beruf hingegen groß geschrieben. Die Flucht in den Beruf sorgt dafür, dass Freundschaften und Kontakte gemieden werden. Die berufliche Überkompensation ist kein Zufall, sondern resultiert aus der Rückzugspraxis. Karrieretypen und Menschen, die leidenschaftlich ihrem Hobby nachgehen, werden mit dem Alleinsein leichter fertig als andere Menschen.

Elke W. ist das Gegenteil. Sie ist auf Kontakte und Beziehungen angelegt. Ihr fällt es schwer, die Geschehnisse und tausend Probleme des Alltags in ihrem Inneren zu verarbeiten. Menschen wie sie haben das Herz auf der Zunge und brauchen ein lebendiges Gegenüber, mit dem sie einen regen Austausch pflegen können. Single-Frauen, die so kontaktbedürftig sind, können ihre Abende und Wochenenden dann bewältigen, wenn sie intensiv Freundschaften pflegen und ihr Kontaktbedürfnis z. B. in Kursen, Hauskreisen und Gemeindezirkeln stillen.

Hinweis 2: Die Empfindlichkeit wird Elke W. zum Verhängnis

Frau W. ist das vierte Mädchen von fünf Kindern. Mit ihrer Empfindlichkeit signalisiert sie, dass sie nicht übersehen und übergangen werden möchte. Empfindlichkeit wird von klein auf Mittel zum Zweck, um Aufmerksamkeit zu bekommen. Frau W. möchte ernst genommen werden. Sie hatte das Gefühl, unter „ferner liefen“ zu rangieren. Aus diesem Grund hört sie auch genau hin und bezieht viele Aussagen auf sich. Der Freund musste alles, was er sagte, auf die Goldwaage legen. Immer wieder hatte er sie daher – ungewollt – beleidigt, übersehen und gekränkt, bis er eines Tages wortlos aus ihrem Leben verschwunden war.

Mit dieser Empfindlichkeit haben wir uns in vielen Beratungsstunden auseinander gesetzt.

Hinweis 3: Wie kam Elke W. zu ihrer „krankhaften Onanie"?

Frau W. hat bisher mit keinem Menschen über die von ihr so empfundene „krankhafte Veränderung" gesprochen. So kommt sie schließlich zu der Überzeugung, nicht mehr normal zu sein. Sie lässt sich vom Arzt Beruhigungsmittel verschreiben, weil ihr auch während der Arbeitszeit dieses „Teufelszeug" nicht aus dem Kopf geht. Allen Beziehungen am Arbeitsplatz und in der Gemeinde geht sie daher aus dem Wege, weil ihr – wie sie meint – jeder die „Schweinereien" ansehen kann.

Am Ende des ersten Beratungsgesprächs sitzt vor mir eine Frau, die zwar völlig erschöpft, aber doch befreit erscheint. Vor diesem Erstgespräch hatte sie mehr Angst gehabt als vor einem Zahnarzttermin, bei dem man ihr sämtliche Zähne ziehen wollte. Vor Scham hatte sie in der ersten Stunde nicht gewagt, mich anzuschauen. Als wir in der ersten Sitzung ihren Lebensweg nachzeichneten und alle wichtigen Einschnitte unter die Lupe nahmen, wurde deutlich, dass sie bisher völlig gesund und normal reagiert hatte. Nur die Selbstbefriedigung, die sich erst mit dem Verschwinden des Freundes stark gesteigert hatte, brachte ihre Gefühls- und Glaubenswelt völlig durcheinander. Frau W. konnte

Schritt für Schritt nachvollziehen, wie sich ihr Geisteszustand verschlimmert und ihre Verzweiflung verstärkt hatten. Dieses Verstehen von Zusammenhängen und die *Einsicht* in Prozesse, die Selbstmordgedanken heraufbeschwören, brachten wieder Ruhe in ihren Lebensalltag.

Hinweis 4: Elke W. nimmt wieder Kontakt zur Gemeinde auf

Als sich Frau W. nach einigen Gesprächen wieder als normale Frau empfindet und die Beruhigungspillen absetzt, sprechen wir über Kontakte und Beziehungen. Sie selbst bringt ihre alte Gemeinde ins Gespräch. Beim ersten Besuch erlebte sie zwei Frauen, die sie sehr vermisst haben. Sie wird sehr herzlich aufgenommen und in die alte Gemeinschaft integriert. Nun findet sie auch den Mut, über die Enttäuschung zu sprechen, die ihr Freund ihr zugefügt hat und erlebt auch hier, dass sie angenommen wird.

Hinweis 5: Wir sprechen über Partnerschaftsanzeigen

Frau W. empfindet es als Benachteiligung, dass sie zum Single-Sein nicht geschaffen ist. Sie bringt immer wieder zur Sprache, dass sie diesen Zustand als „Mangel und Defizit" empfindet. Eine reife Frau müsse über den Dingen stehen und könne solche Unselbstständigkeitsgefühle leichter beiseite schieben. Ich erlebe, wie Elke W. in ihrem Frau-Sein erstarkt, in der Lage ist, falsche Ideale und unrealistische Erwartungen über Bord zu werfen, und Ja zu sich sagt, weil auch Jesus Christus Ja zu ihr sagt. Sie lernt es, diese Gefühle ehrlich und ohne Ressentiments auszusprechen.

Da sie in ihrem Umfeld wenig Chancen sieht, Männer ihres Alters kennen zu lernen, sprechen wir alle Möglichkeiten durch, einen Mann als Lebenspartner zu finden, die sie als Christin verantworten kann. Schließlich entscheidet sie sich für Partnerschaftsanzeigen. Es ergeben sich für sie Möglichkeiten, ansprechende Anzeigen zu entwerfen. Sie bringt zum Gespräch auch einen Brief mit, den sie geschrieben hat, um einem Mann zu antworten, der eine Lebensgefährtin sucht.

Hinweis 6: Wie wird sie mit der Selbstbefriedigung fertig?

Frau W. hat erkannt, dass Selbstbefriedigung für sie kein Ersatz für eine nicht gelebte Beziehung zu einem Mann sein kann. Ihr ist auch deutlich geworden, dass der Kampf gegen die Selbstbefriedigung das Problem noch bis zum Exzess gesteigert hatte. Sie hat sich als schlecht, verworfen und krank erlebt und schließlich hat sie alles schleifen lassen, um dann zur Strafe aus dem Leben zu scheiden. In letzter Verzweiflung hat sie noch einmal einen Anlauf genommen und um ein Gespräch gebeten.

Sie ist nun froh, dass sie diesen „Horrortrip" hinter sich hat. Jetzt ist sie in der Lage, über Sehnsüchte zu sprechen, wenn sie Filme sieht, in denen Liebesszenen vorkommen. Sie schaut Liebespaaren nach, wenn sie im Geschäft Menschen bedient. Und sie sagt – überzeugter denn je – Ja zu sich und ihren Gefühlen.

Gott hat uns geschaffen und sexuelle Sehnsüchte und Fantasien gehören einfach zu unserem Leben, ob wir Christ sind oder nicht. Auch Frau W. kann Gott inzwischen dafür danken, dass er sie und uns mit diesen Gaben beschenkt hat.

Hinweis 7: Inzwischen hat sie über eine Anzeige einen Partner kennen gelernt

Der Mann ist sieben Jahre älter, ebenfalls Single, und hat bisher bei seinen Eltern gewohnt. Jetzt ist seine Mutter gestorben und er sucht „auf diesem ungewöhnlichen Wege“ – wie er sagt – eine Lebenspartnerin. Er wohnt ca. 60 km von Frau W.s Wohnort entfernt. Sie treffen sich zweimal in der Woche und besuchen sich gegenseitig. Der neue Partner ist bewusster Christ, hat aber Schwierigkeiten, über seine Gefühle, Empfindungen und inneren Befindlichkeiten zu sprechen. Er ist glücklich, eine anhängliche und redefreudige Frau gefunden zu haben. Frau W. ist noch nicht bis über beide Ohren verliebt und auch der Mann hat noch einige Schwierigkeiten, über seinen Schatten zu springen. Beide beten und legen ihre Beziehung in Gottes Hand.

Was daraus wird? Ich weiß es nicht. Aber diese beiden Beispiele zeigen, dass gerade der Single aktiv sein Leben gestalten muss. Er darf sich nicht zurückziehen und in Lethargie und Selbstmitleid verfallen.

Der Steppenwolf

Hermann Hesse hat diesem Single ein literarisches Denkmal gesetzt. Der Name „Steppenwolf“ besagt schon viel. Als Einzelgänger und Weltverächter hat er für viele Singles Pate gestanden, Jugendliche und Erwachsene haben das Buch verschlungen. Im „Steppenwolf“ haben sich viele verstanden gefühlt. Da lebt ein Single wider den Stachel der Bürgerlichkeit. Alle Normen und Vorstellungen werden aufgekündigt. Die Titelfigur Harry Haller ist ein Versager. Im bürgerlichen

Leben ist er gescheitert. Jetzt lässt er sich ziellos durch die Welt treiben. Er will sich von der stinklangweiligen Bürgerwelt abseilen, landet aber immer wieder bei der fein geordneten, sauber polierten Welt der Kleinbürger. Er kann die Erfahrungen aus der Kinderzeit nicht mit einem Schwung aus dem Fenster werfen. Die Fesseln der kleinbürgerlichen Welt kann er nicht vollständig abwerfen. Die heimliche Sehnsucht nach so etwas wie Heimat bleibt in ihm. Hermann Hesse kommentiert das Schicksal dieses Singles folgendermaßen:

„Und so ging der Steppenwolf an seiner Unabhängigkeit zugrunde. Er erreicht sein Ziel, er wurde immer unabhängiger, niemand hatte ihm zu befehlen, nach niemandem hatte er sich zu richten, frei und allein bestimmte er über sein Tun und Lassen. ... Aber mitten in der erreichten Freiheit nahm Harry plötzlich wahr, dass seine Freiheit ein Tod war, dass er allein stand, dass die Welt ihn auf eine unheimliche Art in Ruhe ließ, dass die Menschen ihn nichts mehr angingen, ja er selbst sich nicht, dass er in einem immer dünner werdenden Lauf von Beziehungslosigkeit und Vereinsamung erstickte."

Hat Hermann Hesse damit ungezählten Singles aus dem Herzen gesprochen? Sind Beziehungslosigkeit und Vereinsamung der Preis, den sie für ihre Selbstständigkeit und Freiheit in Kauf nehmen müssen? Hat der Schriftsteller das „narzisstische Zeitalter" vorausgesehen?

Der Single Harry spiegelt eine verquälte und trostlose Einsamkeit wider. Viele probieren wie er den Ausbruch aus der Welt geordneter Beziehungen, aber Glück und Zufriedenheit bleiben häufig ein unerreichter Wunschtraum.

Die „freiwilligen“ und die „unfreiwilligen“ Singles

Diese Einteilung kommt meist sehr schnell, wenn es um Singles geht. Die „freiwilligen“ Singles wollen allein bleiben, die „unfreiwilligen“ können nicht allein bleiben. Bei Licht besehen, das machen Gespräche mit Singles deutlich, sind dies Vereinfachungen, die nicht stimmen. Unser Seelenleben ist im Allgemeinen viel komplizierter.

Doch schauen wir uns ein paar Beispiele an.

Ich sehe ihn vor mir, einen Mann von 35 Jahren. Er ist Chemiker, ein kultivierter Herr, der teure Anzüge, teure Hemden und Markenschuhe trägt und einen sehr teuren Wagen fährt. Er hat Liebesprobleme. Seit zwei Jahren sucht er die ideale Partnerin. Seine Anspruchs-Messlatte für eine zukünftige Lebenspartnerin liegt sehr hoch. Sie muss Akademikerin, Christin, mütterlich und gleichzeitig damenhaft sein. Nach Möglichkeit soll sie mitarbeiten und gleichzeitig zwei Kinder, die er sich wünscht, mit aufziehen. Er ist gut situiert, hat eine ausgezeichnete Stellung, ist aber nicht bereit, auch nur die kleinsten Zugeständnisse zu machen.

Ist das nun ein „freiwilliger“ oder ein „unfreiwilliger“ Single? Selbstverständlich will er kein Single bleiben und doch tut er sowohl freiwillig als auch unfreiwillig alles, damit eine Partnerschaft ausbleibt.

Ein anderes Beispiel. Sie ist 29 Jahre alt, kaufmännische Angestellte in einem großen Drogeriemarkt. Mit 18 oder 19 Jahren hatte sie eine tiefe Beziehung zu einem Mann. In der Zeit, als beide sich verloben wollten, sperrte sich der Mann zusehends. Er brauche Zeit für eine endgültige Entscheidung, sagte er. Sie drängte ein bisschen mehr, was zur Folge hatte, dass ihre Zusammenkünfte weniger wurden. Sie drängte noch ein bisschen mehr und er verschwand aus ihrem Gesichtsfeld. Die junge Dame war entsetzt, enttäuscht und verbittert. Sie erzählte bei Freunden und Bekannten, dass der Mann sehr beschäftigt sei, an seiner Karriere arbeite und sie sich deshalb nur selten sehen könnten. Sie war nicht in der Lage, den Verlust einzugestehen. Als schließlich die Bekannten und Freunde erfuhren, dass die Beziehung schon längst nicht mehr bestand, brach die junge Frau zusammen und landete für drei Monate in einer psychiatrischen Klinik. Seit dieser Zeit sind Männer in ihren Augen „verunglückte Geschöpfe Gottes", um die man besser einen großen Bogen macht. Sie will ihr Leben als Single verbringen, doch in ihren Gedanken, in ihrer Fantasie, in ihren Gesprächen mit mir gibt es nur ein Thema: die „verunglückten Geschöpfe Gottes", die dringend einer Nachbesserung bedürfen.

Ist diese Dame nun ein freiwilliger oder ein unfreiwilliger Single? Will sie wirklich ein Single-Leben führen oder wird sie von Sehnsucht nach dem anderen Geschlecht und von ihren Hassgefühlen zerrieben?

Single-Frauen, die ein Kind wollen, aber keinen Mann

Die Zeitschrift „Psychologie heute" brachte Ende letzten Jahres einen ausführlichen Bericht über „den Mann von heute". Der kommt dabei schlecht weg. So heißt es in der Einleitung zu der soziologischen Untersuchung:

„Als ‚Ernährer' und als ‚Brotverdiener' haben Männer allmählich ausgedient. Seit Frauen in großer Zahl berufstätig und damit wirtschaftlich autonom werden, vollzieht sich eine gesellschaftliche Revolution. Die Emanzipation der Frau markiert eine Zeitenwende. Einer der revolutionärsten Schritte in diesem historischen Prozess war die Erfindung der Anti-Baby-Pille. Seitdem kontrolliert nur noch das eine Geschlecht die Reproduktion ... Männer sind ziemlich überflüssig geworden. Sie werden höchstens noch als Samenspender gebraucht: In Israel hat der Verband ‚Väter wider Willen' 1998 eine Gesetzesvorlage in die Knesseth eingebracht, nach der nicht alleine die biologische Vaterschaft zu Unterhaltszahlungen verpflichten soll. Immer häufiger klagen nämlich ‚Samendiebinnen' auf Unterhalt, obwohl sie gar nicht erst gefragt hatten, ob der Bettgenosse überhaupt Vater werden wollte. In Island werden bereits 60 % der Kinder von Single-Müttern geboren, in anderen westlichen Ländern steigt diese Quote ebenfalls. Trends, die sich zum Gesamtbild verdichten: Die traditionelle Familie und damit die klassische Männerrolle ist ein Auslaufmodell. Viele Frauen leben in der Bürogamie: Diese besteht aus einer Frau, einem Kind und einer Bürokratie, die für den Unterhalt sorgt."[2]

Das sind sehr freche Sätze, aber sie verdeutlichen einen Trend. Die Single-Mütter sind im Kommen. Frauen wollen ein Kind, aber keinen Mann.

Viele Frauen haben Angst vor Bindung, Angst vor der Ehe und Angst vor einem Ausgeliefertsein in einer Zweiergemeinschaft. Sie wollen ein Kind, gleichzeitig aber auch ihre Freiheit behalten. Kinder werden leicht zum Partnerersatz. Um welche Frauen handelt es sich? Unter anderem schälen sich drei Gruppen heraus.

Gruppe 1: Sehr selbstständige, eigenwillige und unabhängige Frauen, die sich nicht durch eine Ehe einschränken lassen wollen.

Gruppe 2: Frauen, die von Männern enttäuscht sind; Frauen, die sexuell missbraucht wurden.

Gruppe 3: Lesbische Frauen, die gerne ein Kind wollen, aber keinen Mann.

Jedes dritte Kind wächst inzwischen ohne Vater auf – meist aber ungewollt. Nur etwa 10 % – 20 % der allein Erziehenden, von denen es in Deutschland 1,6 Millionen gibt, leben bewusst ohne Mann im Haus.

Wie gehen Sie mit Kinderwünschen um?
Hier einige Fragen zur Selbstprüfung für Singles und solche, die es nicht bleiben wollen.

- Können Sie sich vorstellen, Mutter zu sein?
- Was empfinden Sie wirklich für Kinder?
- Fühlen Sie sich in Gegenwart von Kindern unbehaglich?
- Sind Kinder in Ihren Augen lustig?
- Sind Sie bereit, den Kindern langfristig Interesse entgegenzubringen?
- Sind Sie bereit, einen Großteil Ihrer Zeit den Kindern zu widmen?
- Ist Ihre Einstellung zum Kind eher negativ?
- Glauben Sie, dass Lebensprobleme durch ein Kind gelöst werden können?
- Wollen Sie ein Kind, ohne mit dem Vater zusammenzuleben?
- Haben Sie das Für und Wider eines solchen Plans mit Seelsorgern oder Therapeuten geklärt?
- Wollen Sie mit einem Kind einen Partner binden?
- Wollen Sie sich mit einem Kind Sicherheit für Ihr Alter verschaffen?

- Wollen Sie möglicherweise mit einem Kind Ihr Selbstwertgefühl steigern, Ihre Frauenrolle leben oder Ihre beruflichen Enttäuschungen ausgleichen?
- Neigen Sie dazu, sich von Freunden oder Verwandten zum Kind überreden zu lassen?
- Haben Sie bedacht, dass sich mit einem Kind vieles grundlegend ändern wird?
- Wie sehr brauchen Sie Ruhe und eine Privatsphäre?
- Wie ehrgeizig sind Sie in Ihrem Beruf?
- Wie denken Sie darüber, dass ein Kind Ihre Freiheit einschränken wird?
- Glauben Sie, eine gute Mutter für Ihr Kind zu sein?
- Formulieren Sie auch solche Sätze: „Ich kann mir im Augenblick kein Kind leisten.“ – „Gerade jetzt komme ich beruflich so gut vorwärts!“
- Werden Sie gefragt, warum Sie keine Kinder haben? Was denken, fühlen und glauben Sie?
- Können Sie ehrlich die Wahrheit sagen, wenn Sie gegebenenfalls kein Kind wollen?
- Sind Sie mit Gott im Reinen, wenn Sie auf Kinder verzichten wollen?

Singles und Freundschaften

Freundschaften spielen im Leben sowohl von Verheirateten als auch von Singles eine große Rolle. Freundschaften bedeuten Kontakte, Gespräche, gemeinsame Aktionen, ein vertrautes Miteinander.

Was aber unterscheidet Freundschaften von Partnerschaften?

Freundschaften können eng und innig sein und doch besteht ein großer Freiraum. Freunde leben meistens getrennt, pflegen gemeinsame Hobbys, unternehmen viel gemeinsam, kleben aber nicht aneinander. Meinungsverschiedenheiten werden – teilweise auch heftig – ausgetauscht, aber dann zieht sich doch jeder in seine eigenen vier Wände zurück. Man ist nicht auf engstem Raum aufeinander angewiesen. Freundschaften bieten Freiräume. Man kann sich mühelos vom anderen entfernen.

Die Erwartungen an eine Freundschaft sind bei weitem nicht so hoch wie an eine feste Partnerschaft. Nähe und Distanz lassen sich in einer Freundschaft leichter ermitteln. In einer festen Partnerbeziehung kommt es sofort zu unangenehmen Reibungen.

In meiner Beratungsarbeit habe ich eine merkwürdige Feststellung gemacht: Männer und Frauen, die in ihrer Kindheit und Jugendzeit keine festen, gleichgeschlechtlichen Freundschaften pflegten, hatten es in den meisten Fällen auch schwerer, eine innige Beziehung zu einem Partner des anderen Geschlechts aufzubauen. Sie hatten es nicht gelernt, zu teilen, Kompromisse zu schließen und Konflikte gemeinsam zu bewältigen.

Diejenigen, die jahrzehntelange gleichgeschlechtliche Beziehungen gepflegt haben, waren in der Regel liebes-, partnerschafts- und konfliktfähiger. Sie verstanden es, nachzugeben, Toleranz zu üben und Meinungsverschiedenheiten positiv zu schlichten. Diejenigen dagegen, die keine Freundschaften kultiviert oder aufrechterhalten haben, wehrten sich länger gegen Beziehungen mit dem anderen Geschlecht. Und wenn ihre Kontakte gelangen, gerieten sie häufiger als die freundschaftsfähigen Gleichaltrigen in Beziehungskrisen und massive Auseinandersetzungen hinein.

Besonders kritisch sind Freundschaften zwischen Singles und verheirateten Paaren. Alle Dreierbeziehungen sind häufig labil. Nicht selten wird der Mann, wenn zwei Frauen eng befreundet sind, zum Buhmann. Er stört, wird als lästiges Anhängsel und Bremser der Freundschaft zwischen den Frauen verstanden. Die Single-Frau hat das Bedürfnis, häufiger und länger mit ihrer Freundin zusammen zu sein, aber der Mann vermisst seine Partnerin und macht solche Treffen unmöglich.

Die Dreierbeziehung ist auch noch aus anderen Gründen zerbrechlich. Denn leicht wird der unverheiratete Single zum unfreiwilligen Konkurrenten für den Ehepartner.

Ich denke zum Beispiel an Gisela, eine attraktive 36-jährige Single-Frau, die nach ihrem BWL-Studium eine Spitzenposition in der Textilbranche errungen hat. Auf ihre Selbstständigkeit und Unabhängigkeit legt sie großen Wert. Das Verhältnis zu ihrer verheirateten Freundin ist gespalten. Auf der einen Seite hat sie Mitleid mit der Vertrauten im „Ehekäfig", die in ihren Augen angebunden und auf den Mann fixiert ist, auf tausend Dinge Rücksicht nehmen muss und ihre Bedürfnisse nicht grenzenlos ausleben kann. Auf der anderen Seite beneidet sie sie auch, denn ihre Abende und Wochenenden sind ausgefüllt und sie hat einen Gesprächs- und Liebespartner. Gisela hat die Freiheit, aber ihr fehlt der Mann. Zu dritt feiern sie Geburtstag, treffen sich an Feiertagen und genießen zu dritt die Karnevalszeit. Die „tollen Tage" lieferten auch den letzten Funken, der eine sexuelle Liebesbeziehung entzündete. Die naive Ehefrau, die ihrem Mann und ihrer Freundin blind vertraute, merkte ein Jahr nicht, dass sich längst eine gefährliche Liebesbeziehung installiert hatte. Erst der „böse Zufall" löste eine gewaltige Explosion aus. Die Ehefrau ertappte ihre

Freundin und ihren Mann in der Küche in einer eindeutigen Situation. Sie fiel aus allen Wolken, schrie wie eine Furie, schüttete der „Freundin“ Wasser ins offene Dekolletee und versetzte ihrem Mann einen heftigen Tritt in die tiefer liegenden Regionen seiner Persönlichkeit. Bevor sie aus der Haustür stürzte, zerdepperte sie noch eine wertvolle Blumenvase, die als Einzelstück die Diele schmückte.

Nun hatte Gisela den verheirateten Mann ganz für sich allein. Doch bald fiel es beiden wie Schuppen von den Augen: Sie waren nicht füreinander bestimmt. Gisela wurde die Beziehung zu eng und der Mann sehnte sich zurück „nach den Fleischtöpfen Ägyptens“. Die Ehefrau machte ihm die Rückkehr nicht leicht, denn sie genoss es, den ungetreuen Ehemann leiden zu sehen.

Wir sehen an diesem Beispiel: Beziehungen im Dreierpack sind häufig nicht die glücklichsten.

Wir Menschen sind auf Beziehungen angelegt. Eigenbrötler und kauzige Individualisten haben es schwer. Wenn sie dann auch keinen sinnerfüllenden Beruf ausüben oder keine Hobbys pflegen, sind sie in der Tat arm dran. Wer sich als Single vor Selbstmitleid und Stimmungstief schützen, wer nicht in eine selbst verschuldete Vereinsamung geraten will, muss Zeit, Kraft und Fantasie opfern, um mit Freunden und Weggefährten ein sinnvolles Leben zu gestalten. Gute Freundschaften fallen niemandem in den Schoß. Sie müssen gewollt, gefördert und gepflegt werden.

Was die Bewertung von Freundschaft angeht, gibt es noch einen wichtigen Unterschied zwischen Männern und Frauen: Männer sagen in der Regel, dass Frauen ihre besten Freunde seien. Und Frauen sagen, dass Freundinnen ihre besten Freunde seien. Was drücken sie damit konkret aus? Männer sind froh, dass Frauen die Bürde der Beziehungsarbeit allein tragen. Sie sind für den Austausch von Gefühlen verantwortlich. Frauen dagegen sind in der Regel enttäuscht, was die Kommunikation, den Austausch von Gedanken und Gefühlen angeht. Sie pflegen diesen Aspekt lieber mit Freundinnen, weil die so denken, reden, fühlen und empfinden wie sie selbst.

Die innere Persönlichkeit

Wenn das Single-Sein gelingen soll, braucht der Mensch einen inneren Raum, der gefüllt sein muss. Wir alle werden von innen und außen gesteuert, Impulse von innen und außen bestimmen unser Leben.

Der Kinderarzt Winnicott hat beschrieben, welche notwendigen Entwicklungsschritte erfolgen müssen, damit ein Kind trotz Anwesenheit einer Person *allein* sein und sich selbstständig beschäftigen kann. Die Mutter ist zwar in der Nähe, wird aber nicht ständig gebraucht. Sie ist da und das Kind kann sich betätigen.

Dieses Geborgenheitsgefühl – einen Menschen in der Nähe zu wissen, aber nicht ständig an der Schürze hängen zu müssen – verschafft dem Kind Selbstständigkeit und zunehmende Unabhängigkeit. Es lernt, dass die innere Persönlichkeit sich mit Bildern und Figuren, mit Eigenerlebnissen und Betrachtungen füllt.

Das Kind wird älter und ist nicht mehr auf die reale Gegenwart eines anderen angewiesen. Die kleine Person weiß nämlich, dass liebe Menschen existieren. Geborgenheit und Gewissheit sind somit nicht mehr von einer Person abhängig, die präsent ist. Ist sein „innerer Raum" gefüllt und gesättigt, wird das heranwachsende Kind nicht von Hoffnungslosigkeit und Verzweiflung geschüttelt, wenn liebe Menschen nicht in seiner Nähe sind.

Viele Menschen, die schon als Kinder klammern und als Erwachsene auf andere Menschen angewiesen sind, müssen hingegen „von außen“ bedient und betreut werden. Sie suchen ständig Gespräche, Unterhaltung, Lob und Interesse, sonst fallen sie in Selbstmitleid und in Einsamkeit. Wer auf das Außen angewiesen ist, wer Vergnügungen, pausenlose Arbeit, unter Umständen sogar Drogen braucht, hat keinen Reichtum in sich. Sein innerer Mensch ist leer. Er muss unterhalten werden.

Viele Singles haben keinen gefüllten Innenraum. Sie brauchen unermüdlich Kontakt, wollen unterhalten oder mitgerissen werden. Das Alleinsein bekommt eine beängstigende Qualität. Im Grunde bedeutet wirkliches Alleinsein-Können erwachsen zu sein. Alles, was der zufriedene Single tut, muss zu etwas Persönlichem werden. Das eigene Leben muss gestaltet werden, es muss ihn erfüllen und weitgehend glücklich machen. Die meisten können das nicht und lernen es auch nicht.

Singles – soziale und psychische Gefährdung

Viele Singles werden mit der Situation des Alleinseins nicht fertig. Von daher spielen Alkohol- und Drogenprobleme, Angstzustände und Verhaltensauffälligkeiten eine große Rolle. Mangelnde Beziehungen machen einsam, fördern das Grübeln und das Selbstmitleid. Die Flucht in die Sucht oder andere Ausweichmanöver machen ihnen daher schwer zu schaffen.

Frauke Krukenberg, Psychotherapeutin für Kinder und

Jugendliche, beschreibt in einem Beitrag über Ledigenberatung das Problem folgendermaßen:

„Die Situation der Ledigen und allein Stehenden unterscheidet sich in mancher Hinsicht so bedeutend von der der Verheirateten, dass spezielle Überlegungen hinzugenommen werden müssen, um ihnen in der Lebensberatung gerecht zu werden. Dies wird durch die Tatsache unterstrichen, dass Ledige und allein Stehende sowohl psychisch als auch sozial stärker gefährdet sind: Sie sind z. B. in psychiatrischen Kliniken und Gefängnissen überrepräsentiert; die Toleranz für ihre Auffälligkeiten ist bei Nachbarn, Kollegen und Freunden offenbar geringer als die von Eheleuten und Familien für ihre Angehörigen. Ausnahmesituationen wie Krankheit, aber auch Weihnachten und andere Feste sowie das Altwerden lösen bei ihnen Ängste aus, die sie allerdings nur selten äußern, da sie kaum Möglichkeiten der Abhilfe sehen und ohnehin häufig glauben, keine Ansprüche anmelden zu dürfen.“[3]

Die soziale und psychische Gefährdung leuchtet ein. Der Mensch ist auf Beziehungen und Gemeinschaft angelegt. Wo die Erfüllung dieser Grundbedürfnisse fehlt oder durch widrige Umstände infrage gestellt ist, brütet der Single Störungen, möglicherweise Krankheiten aus. Es verwundert daher auch nicht, dass unsere Gesellschaft immer mehr ihre Beziehungs- und Gemeinschaftsfähigkeit verliert. Computer werden zum Ersatz für Freunde und Bekannte. Das Spiel mit dem Computer ersetzt die persönliche Begegnung. Egoistisch und selbstsüchtig können die Maschinen eingeschaltet und abgeschaltet werden. Einsamkeit und Isolierung schreiten fort. Und nicht wenige landen dadurch in psychiatrischen Kliniken.

Wenn wir den Untersuchungsergebnissen über Singles

Glauben schenken dürfen, sieht ihre seelische und körperliche Befindlichkeit nicht gut aus. Im Verhältnis zu Verheirateten spiegeln Singles eine höhere Krankheitsanfälligkeit wider.

Die Psychologin Eva Jaeggi schreibt in ihrem Buch „Ich sag' mir selber guten Morgen" darüber:

„Ein Wermutstropfen allerdings fällt in diese Vorstellung der modernen, von autonomen Individuen bestimmten Welt: Epidemiologische Untersuchungen zeigen nämlich, dass das Alleinleben für einige Menschen – vor allem für Männer – gar nicht so sehr gesund ist. Sie sterben eher und sind früher Invalide und sind insgesamt anfälliger für Zivilisationskrankheiten, wie sie durch Zigaretten, Alkohol und Drogen hervorgerufen werden. Dies sind natürlich statistische Aussagen, die den Einzelfall vielleicht gar nicht so sehr betreffen. Sicher aber ist, dass das Alleinleben – dies wird übrigens in den meisten empirischen Untersuchungen betont – mehr an Aktivität, an Bemühung und Selbstdisziplin fordert als das Leben in einer Familie. Diese Selbstdisziplin können einige der allein Lebenden offenbar nur schwer leisten – wobei der hohe Männeranteil auffällt. (Dies könnte auch daran liegen, dass es unter den männlichen Singles mehr beruflich schlecht qualifizierte gibt als unter den Single-Frauen.)"[4]

Männer trifft es härter als Frauen, denn es gibt mehr allein stehende Männer im heiratsfähigen Alter als Frauen. Es sind etwa 2,2 % mehr Männer als Frauen in diesen Altersgruppen. Im Alter überwiegen dann die Frauen, dafür ist der hohe Anteil von Witwen ausschlaggebend. Viele Fachleute sind der Meinung, dass Männer unter dem Alleinsein mehr leiden als Frauen. Sie werden häufiger krank, greifen öfter zu Alkohol und Drogen. Auch die Beratungspraxis bestätigt das. Männer erleben häufig das Alleinsein als schwere Last. Es gelingt ihnen nicht so gut, Haushalt, Beruf und verbleibende Freizeit sinnvoll zu koordinieren. Männer im Allgemeinen und männliche Singles im Besonderen sind mit ihrem Beruf verheiratet. Das Drum und Dran des Haushalts – zum Beispiel Kochen, Putzen, Waschen und Bügeln – sind für sie lästige Nebentätigkeiten.

Kapitel 3

Der Single und seine Sexualität

Meine Frau und ich saßen mit einem befreundeten Ehepaar zusammen. Thema: Gott und die Welt. An irgendeiner Stelle merkte ich an, dass ich demnächst einen Vortrag zu halten hätte über „gefährdete Sexualität im Single-Sein". Die Frau meinte sofort: „Das gibt es doch gar nicht! Singles haben keinen Sex." Der kopfgesteuerte, sehr ruhige, gründliche Mann ließ den vieldeutigen Satz fallen: „So einfach liegen die Dinge wahrscheinlich nicht!" Und nach kurzem Nachdenken: „Gesunde Sexualität im Single-Leben, das ist ein Widerspruch in sich." Langes Schweigen. Jeder dachte konzentriert über den inhaltsschweren Satz nach.

Da ich in erster Linie Ehe- und Familienberatung praktiziere und dann erst Lebensberatung mit allein Stehenden, war ich auf die Reaktionen zu meinem Vortrag sehr gespannt. Ich habe dann auch mit vielen der Anwesenden gesprochen und kann nur sagen: Viele Gedanken und Anregungen finden sich in den folgenden Ausführungen wieder.

Was verstehen wir unter Sexualität?

Da gehen die Missverständnisse schon los. Auf Anhieb kommen meist folgende Antworten:

- Körperlich-sexuelle Beziehungen zwischen Männern und Frauen.

- Körperlich-sexuelle Beziehungen von Frauen und Männern mit dem eigenen Geschlecht.
- Selbstbefriedigung

Ich habe auch einmal Schüler gefragt: „Woran denkt ihr, wenn ihr das Wort ‚Sex‘ hört?“

Antworten: „An Geschlechtsverkehr, körperliche Liebe, Schweinereien, Pornos, Sexfilme, schmusen, Petting und Zärtlichkeit.“

Natürlich sind diese Antworten richtig, aber sie zeigen auch, wie einseitig und falsch man über eine der wichtigsten Gaben Gottes für die Menschen unterrichtet ist. Der Begriff „Sexualität“ ist im internationalen Sprachgebrauch gleichbedeutend mit Geschlechtlichkeit. Sexualität ist abgeleitet vom lateinischen „Sexus“, was „das Geschlecht“ bedeutet. Darum nannte Professor Thielicke seine Ethik „Sex – Ethik der Geschlechtlichkeit“.

- Meine Sexualität, das ist meine Geschlechtlichkeit als Mann oder Frau.
- Meine Sexualität, das ist mehr als Glied und Scheide, mehr als Geschlechtsorgane.
- Meine Sexualität bestimmt mich in jeder Zelle. Sie ist Gottes Schöpfung. Sie ist biologische Prägung. Sie ist gottgewollt.
- Meine Sexualität kennzeichnet mich vom Scheitel bis zur Sohle.
- Meine Sexualität ist mein ganzheitliches Wesen als Mann oder Frau.

Falsch ist es auch zu sagen: Der Mann oder die Frau *haben* Sex. Genau genommen müsste es heißen: Ich *bin* das Sexualwesen Frau, ich *bin* das Sexualwesen Mann. Sexualität ist kein Zubehörteil, sie ist die alles durchdringende, bestimmende menschliche Wesensart. Als solche hat sie unser Herr gewollt. Diese Sexualität wirkt in alle Beziehungen, in alle Bereiche hinein:

- In die Beziehungen zu Kindern,
- in die Beziehungen zum Partner,
- in die Beziehungen zu Eltern,
- in die Beziehungen zu Gemeindegliedern,
- in die Beziehungen zu Gott.

Die Sexualität darf nicht isoliert gesehen werden. Sie ist die Seinsweise von Männern und Frauen. Sie ist die Funktionsäußerung menschlicher Existenz überhaupt.

Sexualität bedeutet Polarität der Geschlechter. Die sexuelle Differenzierung von Mann und Frau ist ein Kernpunkt der Schöpfung Gottes. Der Schöpfungsbericht nennt die Gottesebenbildlichkeit in einem Atemzug mit der Polarität der Geschlechter. „Gott schuf den Menschen ihm zum Bilde. Zum Bilde Gottes schuf er ihn; er schuf sie als Mann und Frau“ (1. Mose 1,27).

Sexualität ist kein unabhängiger Trieb

Der ganze Mensch ist Sexualität. Die Geschlechtlichkeit kennzeichnet ihn in jeder Zelle. Aber wie Mann- und Frausein erlebt werden, ist zunächst eine Frage der Geschlechtschromosomen, dann der Erziehung und Sozialisation, dann, welche Schlüsse der Mensch aus den Erfahrungen mit Mutter, Vater, Großmutter, Großvater und Geschwistern gezogen hat. Es spielt auch eine Rolle, welche Erfahrungen er mit Frausein und Mannsein, mit Liebe, Zärtlichkeit, Treue,

Ehebruch, sexuellem Missbrauch, mit Vertrauen und Misstrauen, mit Macht oder Partnerschaft gemacht hat.

Diese Beeinflussungen und Erfahrungen bestimmen die Gefühle von Frauen und Männern, ihre Gedanken und ihr Handeln. Und darum gibt es unter der Sonne keine zwei Menschen, die sich völlig identisch als Frau und Mann in ihrer Geschlechtlichkeit, in ihrer Sexualität ausdrücken.

Daher können wir die Sexualität auch nicht als unabhängigen Trieb verstehen. Sigmund Freud hat den Menschen in erster Linie als Triebwesen charakterisiert. Das Lustprinzip steht in der Psychoanalyse somit im Vordergrund. Aber der Mensch ist nicht triebbestimmt, sondern geistgeprägt. Nicht die Sexualität bestimmt die Persönlichkeit, sondern die Persönlichkeit bestimmt die Sexualität. Der Mensch wird in erster Linie nicht von seinen Instinkten gesteuert, sondern von seinen Gedanken, seinen Vorstellungen, seinem Glauben und seinem Geist.

Der Mensch ist das instinktärmste Wesen, das wir kennen. Würde der Mensch von seinen Trieben bestimmt,

- könnten wir nicht von seiner *Verantwortung* sprechen,
- könnten wir nicht von seiner *Liebe* reden,
- könnten wir nicht von seiner *Treue* berichten,
- könnten wir nicht von seiner *Sinnorientierung* sprechen.

Der Mensch kann entscheiden. Der Mensch kann Ja sagen und er kann Nein sagen. Die persönliche Liebe gibt dem sexuellen Trieb, wenn wir ihn überhaupt so bezeichnen dürfen, sein Gepräge.

Die Einstellung zur Sexualität ist eine Lebensstilfrage

Wir haben gesehen: Wie ich denke, fühle und handle, so verstehe ich auch die Sexualität.

Was ist der Lebensstil?

- Meine Lebensgrundüberzeugungen, die ich mir im Leben angeeignet habe.
- Meine subjektive Art, wie ich denke, wie ich fühle, wie ich handle.
- Meine subjektive Art, wie ich Liebe, Zärtlichkeit, Treue, Männlichkeit, Weiblichkeit, Dominanz oder Anpassungsbereitschaft, Geschlechtsverkehr, Selbstbefriedigung und so weiter verstehe.

Auch mein Glaube an Christus ist in meinem Lebensstil enthalten. Hat dieser Glaube alle Bereiche meines Lebens, mein Fühlen, mein Denken und Handeln durchtränkt oder lebe ich in zwei Welten? Bin ich in den zwei Bereichen unterschiedlich, bin ich im geistlichen Bereich anders als im weltlichen und menschlichen Bereich?

Ich gehöre Christus ganz, aber die körperlich-sexuellen Gefühle, meine Fantasien, die sich mit sexuellen Bildern beschäftigen, meine Träume und Gedanken führen ein Eigenleben. Mein Lebensstil hat alle Erfahrungen in Kindheit und Jugendzeit mit Männern und Frauen, mit Liebe, Zärtlichkeit und Gewalt, die ich im Umgang mit Eltern, Geschwistern, Großeltern und anderen Menschen erlebt habe, gespeichert und gedeutet. Mein Lebensstil ist also die Summe dieser positiven und negativen Erfahrungen.

Mein Lebensstil beinhaltet also, wie ich mich als Sexualwesen Mann und als Sexualwesen Frau verstehe. Erlebe ich mich positiv oder negativ, zufrieden oder unzufrieden, erfüllt oder unerfüllt? Je unerfüllter, je unzufriedener und je mangelhafter ich mich als Mann oder Frau erlebe, desto mehr kann die körperliche Sexualität zur Ersatzbefriedigung werden. Gerade bei Frauen, die sich unerfüllt fühlen, können Bulimie (Ess-Brech-Sucht) und Anorexie (Magersucht) zu Ersatzbefriedigungen werden.

Mein Lebensstil ist die Summe aller positiven und negativen Erfahrungen – auch im Bereich der Sexualität.

Singles und Sex in früheren Jahrhunderten

Wie haben Singles in anderen Zeiten gelebt? Wie wurden sie eingeordnet? Die Psychologin Eva Jaeggi hat in ihrem Buch „Ich sag' mir selber guten Morgen" Gespräche mit einem Geschichtsprofessor geführt, der den Status des Singles in früheren Jahrhunderten beschrieben hat. Einige seiner Antworten möchte ich hier wiedergeben, um das Leben der Menschen, die vor Jahrhunderten allein gelebt haben, zu charakterisieren.

- Das Problem der Vereinzelung existierte in der heutigen Form nicht, obwohl bis ins 19. Jahrhundert hinein längst nicht alle Menschen verheiratet waren.
- Ohne Anbindung an ein „Haus", sprich an einen Clan (Familie, Gesinde, entfernte Verwandte), war der Single ein Nichts.
- Allein zu leben war schlichtweg zu gefährlich. Banden zogen durch die Gegend, verwüsteten Höfe und Behausungen. Der Mensch als Einzelwesen hatte da keine Chance zu überleben.

- In der Zeit vor dem 11. Jahrhundert galt man als abwegig, krank oder verrückt, wenn man sich freiwillig vom Haushalt entfernte.
- Ohne Grund und Boden, ohne Geld konnte man im frühen Mittelalter nicht heiraten. Nur Mönche lebten allein. Sie wollten durch „geistige Reinigung" tiefer in die Geheimnisse des christlichen Glaubens eindringen.
- Der natürliche Stand des Menschen seit Beginn des 16. und 17. Jahrhunderts ist die Ehe. Auch die Sexualität wurde von da an immer mehr als Privileg der Verheirateten angesehen. Das war früher nicht so.

„J.: Wie stand es denn mit allein stehenden Frauen, wenn es so etwas wirklich gegeben hat?

W: In einigen Städten gab es etwa im 15. Jahrhundert eine unbarmherzige Jugendkultur. Da trafen sich abends die jungen Leute der ‚besseren' Stände zu Wein und Gesang und nach durchzechter Nacht galt es als besonderer Spaß, allein lebende Frauen zu vergewaltigen und damit ihren Ruf für immer zu ruinieren.

J.: Ich dachte, allein lebende Frauen habe es gar nicht gegeben?

W: Nicht als übliche Lebensform, aber immer wieder waren Frauen gezwungen, sich allein durchzubringen. Häufig waren sie in ihrem Dorf verstoßen worden, vielleicht, weil sie unverheiratet ein Kind erwarteten oder sonst wie ins Gerede gekommen waren oder weil alle Familienangehörigen tot waren. Sie galten oft als Freiwild; die Jugendlichen drangen mit Gewalt in ihre Schlafzimmer, vergewaltigten sie und machten diese Heldentat dann auch noch publik. Das bedeutete das endgültige Aus für diese Frauen."[1]

Martin Luther und die Ehelosigkeit

Der Reformator Martin Luther ließ sich niemals zur Verherrlichung der Ehelosigkeit hinreißen. Er weigerte sich – anders als die katholische Kirche – die Jungfräulichkeit dem Ehestand vorzuziehen. Luther bestand nicht nur auf dem Recht zur Ehe, sondern plädierte sogar für die Pflicht aller – mit Ausnahme einiger Auserwählter – zu heiraten. Dafür führte er zwei Gründe an: Erstens wurde die Ehe von Gott gestiftet und verordnet. Zweitens kann sich kein Mensch den Verlockungen der Lust entziehen. Luther war auch der Meinung, dass die Ehe als Heilmittel für die Lust des Mannes gedacht sei. Die Tiere verkehrten nur, wenn „das Weibchen in Hitze sei“, der Mensch hingegen bedürfe des Geschlechtsverkehrs viel häufiger als die wenigen Male, die zur Gründung einer Familie ausreichen. Gottes Weisheit und Güte seien so groß, dass er ein „Heilmittel gegen die Sünde“ schuf.

Was die Ehe betraf, war Luther rigoros. Er wagte die kühne Behauptung, dass die Ehe ein ausdrückliches Gebot Gottes sei, von derselben Art und Unbedingtheit wie die Zehn Gebote.

Der amerikanische Theologe William Graham Coole formulierte Luthers Einstellung so:

„Das Gewissen der Unverheirateten muss bestürmt, bedrängt und gepeinigt werden, bis sie dem Ehegebot willfahren. Immer wieder behauptete Luther, dass der Unverheiratete genötigt sei, einen unmoralischen Lebenswandel zu führen. Der Körper verlange dringend nach der Ehe und Gottes Wille fordere beharrlich die Ehe. Das Wort Gottes gab dem Reformator die deutliche Auskunft, dass die Frauen nur die Wahl zwischen dem Ehestand und der Prostitution haben … Andererseits erkannte er die Gelübde der Ehelosigkeit an, gab aber den dringenden Rat, dieses feierliche Versprechen erst abzugeben, wenn die betroffene Person ein reifes und angemessenes Alter erreicht habe."[2]

Luther muss als unverheirateter und lediger Mann erheblich unter sexuellen Problemen gelitten haben, sonst hätte er nicht so deutlich und drastisch das Ledigsein infrage gestellt.

Luther war Realist. Sind seine Vorstellungen über das Single-Dasein wirklich überholt?

Sind die Sünden des Fleisches die schlimmsten?

Viele Christen sehen in sexuellen Sünden die schlimmsten aller Vergehen. Heinrich Giesen, der ehemalige Direktor der Stadtmission, pflegte zu sagen: „Die Christen haben sich offensichtlich auf das 6. Gebot (Du sollst nicht ehebrechen!) eingeschossen."

Einem CVJM-Mitarbeiter, der unter der Sünde litt und in Gedanken nur noch mit der Selbstbefriedigung beschäftigt war, habe ich die provozierende Frage gestellt: „Ist das die einzige Sünde, die in Ihrem Glaubensleben eine Rolle spielt? Ich rate Ihnen, jeden Abend den katholischen Beichtspiegel zu lesen. Da stehen noch zig andere Sünden drin, die vermutlich in der Ewigkeit eine weit größere Bedeutung haben werden."

Der junge Mann war in der Tat so fixiert auf diese eine Sünde, dass er die neun anderen Gebote wie banale Kavaliersdelikte bewertete. Er wollte das nicht, verhielt sich aber in der Realität so.

C. S. Lewis, einer der renommierten Religionsphilosophen unserer Zeit, schrieb:

„Wer glaubt, für Christen sei Unkeuschheit das größte aller Laster, der irrt sich. Die Sünden des Fleisches sind schlimm, aber sie sind nicht die schlimmsten. Die schlimmsten Lüste sind alle rein geistiger Art:

- die Lust daran, andere ins Unrecht zu setzen,
- herumzukommandieren und andere von oben herab zu behandeln,
- sich an der Macht zu berauschen und Hassorgien zu feiern.

Denn zwei Mächte im Menschen versuchen, ihn von seiner eigentlichen Bestimmung abzuhalten: das Animalische und das Teuflische. Das Teuflische ist das Schlimmere von beiden. Daher kann ein kalter, selbstgerechter Heuchler, der regelmäßig zur Kirche geht, der Hölle näher sein als eine Hure. Aber besser ist es natürlich, man ist keines von beiden."[3]

C. S. Lewis rückt die Fronten zurecht. Körperlich-sexuelle Beziehungen ohne Ehe werden nicht bagatellisiert, aber er sieht auch nicht die Hölle, die mit offenen Türen auf diese Sünder wartet.

Kapitel 4

Männer und Frauen – Unterschiede in ihrer Sexualität

Als Gott Mann und Frau erschuf, hat er sich etwas dabei gedacht, dass beide Geschlechter so unterschiedlich reagieren, fühlen und denken.

Diese Unterschiedlichkeit aber schafft auch viele Konflikte und Missverständnisse. Sie ruft Widerwillen und Zuneigung hervor. Je mehr Frauen und Männer voneinander wissen, desto einfühlsamer können sie sich aufeinander einstellen.

Männer und Frauen reagieren in ihrer Sexualität unterschiedlich

In ihrem Buch „Brainsex“ (Gehirnsex) schildern zwei Autoren, Anne Moir und David Jessel, die Ergebnisse der wissenschaftlichen Forschung in Bezug auf geschlechtsspezifische Verhaltensweisen. Die Forscher schreiben:

„Als Folge dieser gehirnbedingten Geschlechtsspezifität sind sehr unterschiedliche gedankliche Prioritäten feststellbar: Das Denken, Fühlen und Trachten der Männer kreist um Dinge, Theorien und Macht, das der Frauen um Menschen, Moral und Beziehungen.“[1]

Ein anderer Autor formuliert:

„Das Erreichen von Zielen ist für einen Mann sehr wichtig, denn es ist seine beste Möglichkeit, seine Kompetenz unter Beweis zu stellen und sein Selbstwertgefühl zu zeigen. Wenn ihm jemand etwas abnimmt, hat er kein gutes Gefühl dabei. Männer sind stolz darauf, Dinge ganz allein zu machen. Autonomie ist ein Symbol von Effizienz. Macht und Kompetenz …

Frauen schätzen Liebe, Kommunikation, Schönheit und Beziehungen. Sie verbringen einen Großteil ihrer Zeit, indem sie einander helfen und pflegen. Das weibliche Selbstbewusstsein definiert sich durch Gefühle und die Qualität von Beziehungen. Frauen erleben Erfüllung durch Teilen und Mitteilen.“[2]

Versuchen wir das einmal auf die körperlich-sexuellen Beziehungen auszudehnen, dann könnte das etwa so aussehen:

Zehn Anmerkungen über den Mann

Anmerkung 1: Männer sind zielorientiert, auch in ihrer Sexualität

Ganz pauschal gesprochen – und viele Nuancen und feine Unterschiede können hier nicht berücksichtigt werden – sind Männer zielorientiert, auch in der körperlich vollzogenen Sexualität. Sie streben gradlinig ohne Umwege auf Befriedigung zu, sie wollen es direkt und sofort. Das trifft auch auf die Fantasie der Singles zu.

Anmerkung 2: Selbstbefriedigung spielt bei männlichen Singles eine große Rolle

Vielen männlichen Singles gelingt es nur schwer, sich als Sexualwesen ganzheitlich zu verwirklichen. Sie streben eher eine direkte Lustbefriedigung an, die sie weitgehend durch Selbstbefriedigung, durch lose Kontakte zu Frauen oder durch Bordellbesuche befriedigen.

Auch viele Christen, die als Single leben, befriedigen sich relativ regelmäßig selbst und suchen zusätzlich Befriedigung durch das Anschauen von erregenden Bildern im Fernsehen und auf Video. Das Nicht-los-Kommen von Bildern, die die sexuelle Erregung steigern, ist für viele unverheiratete Männer ein großes Problem.

Anmerkung 3: Männer können die sexuelle Befriedigung von ganzheitlicher Liebe trennen

Hier begegnet uns eine gefährliche Schwachstelle des Mannes. Prostitution und Bordelle sind überzeugende Beispiele für diese Einstellung. Sie ist auch ein Grund dafür, dass Männer qualitativ mehr sexuelle Befriedigung verlangen als Frauen.

Anmerkung 4: Männer zappen vor dem Fernseher

Das Zappen mittels Fernbedienung durch das Fernsehprogramm ist wohl ein typisch männliches Verhaltensmuster. Der Mann liebt schnelle erregende Bilder, die den sexuellen Reiz erhöhen. Mithilfe seiner Fantasie verarbeitet er selbst harmlose Liebesszenen in leidenschaftliche Abenteuer. Die Blickrichtung und die gedankliche Zielrichtung des Mannes unterscheiden sich doch erheblich von der weiblichen Wahrnehmung.

Anmerkung 5: Männer denken den ganzen Tag an Sex

Professor Archibald Hart, Dekan der psychologischen Fakultät am Fuller Theological Seminary in Pasadena, schreibt:

„Durch unsere empirische Forschung haben wir herausgefunden, dass Männer wirklich den ganzen Tag an Sex denken, oft tatsächlich jede Stunde. Es ist sehr selten, dass ein Tag vergeht, ohne dass ein Mann an Sex gedacht hat.“[3]

Und die Bestsellerautorin Maribel Morgan – eine Christin – schreibt:

„Männer, die nach Hause kommen, denken an zweierlei: an Essen und an Sex. Nicht immer in dieser Reihenfolge.“

Anmerkung 6: Männer haben ein ausgeprägtes sexuelles Fantasieleben

Frauen fällt es unglaublich schwer zu begreifen, dass Männer zum Beispiel ständig sexuelle Fantasien haben. Viele Männer, die Christen sind, haben mir gebeichtet, dass sie selbst im Gottesdienst immer wieder Frauen und Frauenkörper anschauen und nicht in der Lage sind, Gedanken, Empfindungen und Fantasien völlig auszublenden.

Anmerkung 7: Alle Männer halten ihre sexuellen Gefühle und Gedanken für nicht normal

Ein weiteres Zitat von Professor Archibald Hart aus seiner Studie lautet:

„Praktisch alle Männer unserer Studie haben danach gefragt, ob ihr Empfinden eigentlich normal sei. Sie hatten das Gefühl, sich zu viel mit Sex zu beschäftigen, zu merkwürdige Wünsche zu haben oder zu wenig an Sex zu denken. Kaum einer sagte: ‚Ich fühle mich echt gut damit.' Niemand ist mit seinem Empfinden zufrieden. Wenn ich das verstanden habe, kann ich aufhören, mir Sorgen darüber zu machen. Damit gewinne ich automatisch eine Haltung, die mich selbst und meine Sexualität mehr annimmt. Männer brauchen die Rückversicherung, dass sie normal sind. Hör also auf, dich zu bestrafen oder dich schlecht zu machen."[4]

Professor Hart spricht von einer normalen Sexualität. Sein Ratschlag ist keine liberale Auffassung eines Christen, die Bagatellisierung eines Problems, sondern der weise Hinweis, dass die Annahme dieses Phänomens eher entlastet als belastet.

Anmerkung 8: Normale Männer reagieren mit starken sexuellen Gefühlen

Wie verstehen wir den Zusammenhang von Schuld- und Lustgefühlen? Archibald Hart:

„Starke sexuelle Gefühle kommen bei allen normalen Männern vor. Sie werden eher von Hormonen als von böser Lust verursacht. Sie haben an und für sich nichts mit Schuld zu tun."[5]

Selbstverständlich können wir nicht alles auf die Hormone schieben. Denn der Hormonspiegel hat auch wieder etwas mit unserer Fantasie zu tun. Körper und Gehirn beeinflussen sich bei Liebe und Lust gegenseitig.

Sexuelle Reize, die durch die Sinnesorgane aufgenommen werden, beeinflussen das Hormonsystem. Die Hirnrinde ist die Bewertungsinstanz der empfangenen Signale. Und die hormonelle Lustkaskade beginnt mit der Ausschüttung des Releasing-Hormons GnRH.

Wir haben es also durchaus in der Hand, ob über unsere Fantasie die Geschlechtshormone, die ja auch selbstständig agieren, noch zusätzlich gereizt werden.

Anmerkung 9: Männer können mit Sport die sexuellen Wünsche und Bedürfnisse nicht klein halten

In frommen christlichen Kreisen wird immer wieder die These vertreten, dass eine intensive sportliche Betätigung sexuelle Gedanken, Fantasien und sexuelle Begierden kompensieren würde. Das stimmt auch.

Ich kann mich im Augenblick ablenken. Ich kann Gedanken und Fantasie auf andere Ziele konzentrieren, aber ich kann diese Wünsche und Begierden nicht eliminieren. Im Gegenteil. Der Körper wird gestärkt und ertüchtigt. Sexualhormone werden erst recht freigesetzt. Wenn der Mann körperlich erschöpft ist und er sich erholt hat, ist eine sexuelle Betätigung doppelt schön. Viele bewusste Christen haben mir das immer wieder bestätigt.

Anmerkung 10: Männer erleben Sex anders als Frauen

Den wesentlichen Unterschied zwischen Männern und Frauen hat die amerikanische Sexualwissenschaftlerin Helen Kaplan formuliert:

„Männer geben Liebe und Zärtlichkeit für Sex – Frauen geben Sex für Liebe und Zärtlichkeit."

Und Ingrid Trobisch ließ eine afrikanische Frau den Unterschied zwischen Männern und Frauen folgendermaßen formulieren:

„Das Erleben des Mannes ist wie Grasfeuer; leicht entzündbar, schnell auflodernd und rasch erlöschend. Das Erleben der Frau hingegen ist wie Holzkohlenglut, die der Mann mit Geduld zum Brand entfachen muss und die nach dem Aufflammen noch tief und lange weiterwärmt."[6]

Dieses Zitat zeigt sehr poetisch, aber zugleich sehr anschaulich das unterschiedliche Erleben der Sexualität bei Männern und Frauen. Und es macht auch klar, worin die Ursache vieler Probleme und Enttäuschungen auf beiden Seiten zu suchen ist.

Neun Anmerkungen über die Frau

Die sexuelle Erfüllung nimmt bei Frauen einen anderen Stellenwert ein als bei Männern. Für uns ist es wichtig, sich diese Andersartigkeit zu vergegenwärtigen. Frauen fühlen ganzheitlicher, wenn es um Sexualität geht. Ihre sexuellen Gefühle sind nicht vordergründig auf Triebbefriedigung ausgerichtet.

Anmerkung 1: Frauen schätzen Liebe, Kommunikation, Schönheit und Beziehungen

Frauen verbringen viel Zeit damit, einander zu helfen und zu unterstützen. Das weibliche Selbstbewusstsein definiert sich durch Gefühle und durch die Qualität der Beziehungen. Frauen erlangen Erfüllung durch Teilen und Mitteilen. Beziehungen sind wichtiger als Arbeit und Technik. Anteilnahme und Verständnis stellen die Quelle ihrer Befriedigung dar.

Anmerkung 2: Frauen erwarten von Männern, dass sie sich verhalten wie Frauen

Der Zauber der Liebe stirbt, weil die Erwartungen falsch sind. Männer sehen in erster Linie ein Problem, das es zu lösen gilt. Sie wollen Projekte und Geschäfte sachlich angehen. Frauen sind dagegen beziehungsbewusst. Für sie ist es wichtig, ihrer Güte, ihrer Liebe und Fürsorge Ausdruck zu verleihen. Und weil sich viele an diesen unterschiedlichen Zielen reiben, gibt es so viel Trennungen, Scheidungen und enttäuschte Singles.

Anmerkung 3: Frauen sind sehr intuitiv

Intuition beinhaltet ein unmittelbares Gewahrwerden von Einsichten. Es ist eine Art geistigen Schauens, das schlagartig Zusammenhänge erkennt. Es ist weitgehend dem männlichen Denken, das heißt dem diskursiven Denken, dem planmäßigen Denken nach begrifflich-logischen Regeln, entgegengesetzt. Frauen verstehen es, Wünsche von den Augen abzulesen. Sie nehmen die Bedürfnisse und Gefühle der Mitmenschen ernster als Männer.

Anmerkung 4: Frauen sprechen anders über Probleme

Wo liegt der Unterschied? Nun, Frauen sprechen über Probleme, um jemandem nahe zu sein. Sie haben nicht unbedingt Interesse daran, Probleme sachlich zu diskutieren. Vielmehr wollen sie sich unterhalten, sich mitteilen. Für sie geht es nicht in erster Linie darum, eine Lösung zu finden.

Anmerkung 5: Für Frauen ist es ein Zeichen von Zuneigung, wenn sie Hilfe und Unterstützung anbieten

Diese Hilfsbereitschaft führt aber auch dazu, dass sich Männer von Frauen gekränkt und angegriffen fühlen. Sie haben den Eindruck, dass ihre Kompetenz, ihre Stärke und ihre Selbstständigkeit infrage gestellt werden. Sie haben das Gefühl, die Frauen trauen ihnen nichts zu. Dabei ist es anders: Frauen verstehen es als ein Kompliment, wenn jemand ihnen Hilfe und Unterstützung anbietet.

Anmerkung 6: Frauen sind glücklich, wenn ihre Bedürfnisse erfüllt werden

Sind Frauen verärgert, überlastet, verwirrt, erschöpft und hoffnungslos, brauchen sie zunächst einmal jemanden, der für sie da ist. Frauen wollen das Gefühl haben, dass sie nicht allein sind. Sie wollen sich geliebt und umsorgt fühlen. Auch hier sind ihnen Mitgefühl, Verständnis und Wertschätzung wichtiger als eine sachliche Problemlösung. Dem Mann fehlt oft das Gespür dafür, wie wichtig einer Frau Nähe, Intimität und das Gespräch sind. Was sie braucht, ist jemand, der ihr zuhört.

Anmerkung 7: Frauen sehnen sich nach Geborgenheit und Zärtlichkeit

Allein die Worte und Begriffe, die Frauen verwenden, unterscheiden sich vom Vokabular der Männer. Frauen sagen: „Ich fühle mich so einsam. Hätte ich doch jemanden, dem ich mein Herz ausschütten könnte." Oder: „Ich sehne mich nach Nähe und Hautkontakt." Oder: „Wenn ich mich mit dem anderen seelisch eins fühle, brauche ich nicht unbedingt die körperliche Entspannung."

Zärtlichkeit, Geborgenheit und eine vertraute Innigkeit sind für die Frauen wichtiger als der pure Geschlechtsverkehr.

Anmerkung 8: Frauen wollen testen, wie attraktiv Männer sie finden

Daher spielt Flirten eine wichtige Rolle für sie. In einem Artikel zum Thema „Singles über ihre Sexualität" heißt es:

„Auch Ute (22), Studentin, flirtet oft und weiß, dass sie in der Gefahr steht, mit ihren eigenen Gefühlen und mit ihrem Gegenüber zu spielen. Männer haben auf sie eine große Wirkung. Ihr bedeutet Lob von Männern beispielsweise viel mehr als von Frauen. Ute meint selbst dazu: ‚Das ist mir erst in letzter Zeit bewusst geworden. Manchmal gehe ich an den Spannungen fast kaputt. Ich bin so genervt davon, dass ich mir vornehme, die Finger vom Flirten und von zu nahem Kontakt mit Männern zu lassen, von denen ich eigentlich nichts will.'"[7]

Diese wenigen Sätze drücken Entscheidendes aus. Wenn Frauen flirten, sind sie in der Regel nicht auf eine körperlich-sexuelle Befriedigung aus.

Sie wollen beeindrucken und begehrt werden. Sie erleben ein Kribbeln, erfahren aber – wie die Studentin Ute –, dass Männer unter Flirten häufig etwas ganz anderes verstehen und anstreben. Denn – wörtlich: „Ich will eigentlich (sexuell) nichts."

Anmerkung 9: Sexuelle Erfüllung hat für Frauen einen umfassenderen Stellenwert

Frauen wollen mehr als die losgelöste körperlich-sexuelle Entspannung, die sich letztendlich im Orgasmus zeigt. Je intensiver das gemeinsame Verstehen, die Übereinstimmung, das seelische Wohlbefinden und das Erleben von Gefühlsaustausch und Geborgenheit, desto umfassender auch das Empfinden von sexueller Erfüllung.

Und weil eine Frau dieses komplexe Erfülltsein braucht und sucht, gibt es unendlich viele Enttäuschungen, die ins Single-Dasein treiben. Denn für Männer steht ja die körperlich-sexuelle Erfüllung an erster Stelle.

Wenn Single-Frauen flirten

Wenden wir uns einmal diesem Thema zu und fragen uns: Was ist der Zweck? Was ist das Ziel? Was führen sie im Schilde?

Einige allein stehende Frauen haben es mir unverblümt gestanden:

„Ich habe längst gemerkt, was Männer reizt, wohin sie schauen und was in ihren Hirnen vorgeht. Wenn ich mich entsprechend anziehe, enge Kleider, natürlich Mini, dann werde ich angesehen und angestarrt. Und das gefällt mir. Natürlich habe ich – ich bin ja Christ – ein schlechtes Gewissen, aber ich tue nichts Verbotenes."

„Ganz klar, ich möchte begehrt werden. Flirten ist harmlos. Ich habe kein schlechtes Gewissen. Wenn ich mich hübsch zurechtmache, und ich stecke viel Geld in meine Klamotten, dann ruhen die Männeraugen wohlgefällig auf mir. Und das ist schön. Es ergeben sich dann auch nette Gespräche. Sex will ich nicht, schon gar nicht auf eine primitive Art. Das Beste am Flirten aber ist, dass ich alles in der Hand habe. Die Männer hängen an der Angel."

Die Frauen in diesen Beispielen haben erkannt, womit sie ihre Macht ausspielen können. Sie wollen begehrt und umworben werden, sie wollen im Mittelpunkt stehen. Sie wollen das Heft der Beziehung in der Hand behalten und nicht gedemütigt oder gekränkt werden. Und doch bezahlen sie einen hohen Preis dafür.

Sie haben zwar schöne Erlebnisse, aber keine Erfüllung. Sie werden begehrt, aber es kommt nicht zu einer Partnerschaftsbeziehung. Sie erleben einen prickelnden Abend, aber keine beglückende Zweisamkeit.

Frau B. ist eine gut aussehende junge Frau von 29 Jahren. Nach einer Beziehung mit einem Mann, die zwei Jahre lang bestand, bevor sie von dem Mann nach und nach beendet wurde, fiel die junge Frau in eine schwere Depression. Sie fehlte häufig am Arbeitsplatz, bekam Depotspritzen, um den Alltag zu bewältigen, und war zutiefst unglücklich. In einem Kreis junger Erwachsener wurde sie von zwei Mitarbeiterinnen emotional über Wasser gehalten. Sie wurde von den beiden abwechselnd zum Essen eingeladen, zum Hauskreis und zum Gottesdienst abgeholt und langsam wieder aufgebaut. Frau B. ging es bald besser. Sie konnte wieder lachen, freute sich an kleinen Dingen des Lebens und gewann ihre Energie zurück.

Eines Tages kam sie zu mir zu Gesprächen, weil sie in der Beziehung zu Männern große Probleme bei sich entdeckt hatte.

„In meiner ersten und einzigen Beziehung, die ich mit einem Mann hatte, dauerte es ein Jahr, bis wir intim wurden. Wenn ich zurückdenke, war es eigentlich die schönste Zeit in meinem Leben. Ich wurde begehrt und stand im Mittelpunkt. Er kreiste förmlich um mich. Außer Küssen und Umarmungen geschah aber nichts. Als Christin wollte ich das nicht. Er akzeptierte das mit Widerwillen, aber er akzeptierte mich. Als es dann doch geschah, war ich zwar glücklich, gleichzeitig aber doch irritiert. Ich bestand darauf, dass wir uns sofort verlobten. Er leistete viel Widerstand, gab dann aber doch nach. Als wir dann schließlich über die Hochzeit reden wollten, veränderte er sich zusehends. Ich hatte den Eindruck, es mit einem völlig anderen Menschen zu tun zu haben. Lange Rede, kurzer Sinn: Nach und nach verschwand er aus meinem Leben ... Und heute entdecke ich bei mir etwas Eigenartiges. Ich verstehe es, Männer auf mich aufmerksam zu machen. Sie umwerben mich und das gefällt mir ausgesprochen gut. Aber sexuell lasse ich mich nicht anregen. Was ist bloß mit mir los?“

Frau B. ist das zweite Kind eines Diakons in der evangelischen Kirche. Ihr älterer Bruder hat Theologie studiert. Von klein auf hat sie es verstanden, durch Lächeln, Charme und Liebenswürdigkeit die Aufmerksamkeit anderer auf sich zu ziehen. Ihr Lebensstil lautet in Kurzfassung: „Wenn du strahlst, freundlich bist und den Menschen etwas entgegenkommst, bekommst du alles, was du willst.“

In der Liebe hat sie eine bittere Enttäuschung erleben müssen. Heute spielt sie ihre Macht aus. Sie ist die absolute Herrin in ihren Beziehungen. Männer werben um sie. Sie schätzen ihre lockere Art, bewundern ihre „Standhaftigkeit in Sachen Sex“, geben aber nicht auf. Die junge Dame versteht es meisterhaft, die Männer an der langen Leine spazieren zu führen. Aber glücklich ist sie dabei auch nicht. Eine panische Angst befällt sie, wenn sie „schwach wird“. Ihrer Meinung nach ist der schöne Spuk dann zu Ende.

Sie möchte umworben werden, möchte im Mittelpunkt stehen und es genießen, dass ein Mann sich um sie bemüht. Dieses Hochgefühl will sie nicht wieder verlieren, zumal sie die Regie führt. Aber in der Woche, wenn die Männer kaum Zeit haben, wenn sie in ihren vier Wänden allein ist, wird sie von Angst und Einsamkeitsgefühlen heimgesucht. Der Lebensstil macht ihr zu schaffen. Ihr überzogenes Selbstwertgefühl und ihr Stolz, den Mann wie eine Marionette zu behandeln, rufen bei ihr Schuldgefühle gegenüber den Männern und auch gegenüber Gott hervor. Sie weiß, dass sie dieses Spiel nicht unbegrenzt weiterspielen kann. Als Frau kann sie auf Dauer schlecht allein leben. Sie sehnt sich nach Geborgenheit und inniger Liebe. Aber die Angst ist riesengroß.

Wenn sie eine Ehe eingehen würde, so glaubt sie, würde sie nicht mehr im Mittelpunkt der Aufmerksamkeit stehen.

Der Frust nach dem ersten Mal

Single-Frauen bestätigen mir in Beratungsgesprächen immer wieder das Gleiche: Anfangs gibt sich der Mann große Mühe. Er umwirbt die Partnerin, hält Verabredungen ein, ist zärtlich und einfühlend. Er zeigt sein Sonntagsgesicht, plaudert über dies und das und schäkert mit dem Mädchen, das ihm gut gefällt. Kommt ihm die Partnerin ein bisschen entgegen, lässt sie sich auf kleine Zärtlichkeiten ein und ist sie von seinen männlichen Liebesbeweisen überzeugt, dann knistert die Erotik lautstark. Beide sind voneinander angetan, beide heben ein wenig ab. Dieses Flirtspiel kann sich über Wochen und Monate hinziehen.

Dann aber kommt ein kritischer Punkt. Der Mann gibt sich in der Regel nicht mit kleinen erotischen Appetithäppchen zufrieden, er will mehr. Er beginnt auch, die Frau stärker zu drängen. Gibt die Partnerin ihren Widerstand auf, kommt es zum Geschlechtsverkehr. Jetzt allerdings werden die Unterschiede der Geschlechter deutlich. Wenn man es zugespitzt formuliert: Der Mann will die sexuelle Erfüllung im Orgasmus. Die Frau will Liebe, Zärtlichkeit, Partnerschaft, eine feste Verbindlichkeit.

Wenn der Mann die Erfüllung erlebt hat, nimmt sein Interesse an der Partnerin ab. Woran kann man sein aufkommendes Desinteresse erkennen?

- Er sagt plötzlich Verabredungen ab.
- Bei den gemeinsamen Zusammenkünften reagiert er desinteressiert, lustlos und gesprächsarm.

- Er steuert sehr schnell auf das Eigentliche los und ist dann umso eher abends wieder verschwunden.
- Er lässt sich bedienen, spielt den Pascha und genießt es, wenn die Partnerin sich die größte Mühe gibt, die paar Stunden des Zusammenseins schön zu gestalten.
- Geben und Nehmen, Schenken und Beschenktwerden, Beglücken und Beglücktwerden kommen aus dem Gleichgewicht. Die Frau versucht immer mehr zu geben, der Mann nimmt, verweigert aber seinerseits jegliche Aktivität.
- Schließlich ist es die Partnerin, die meckert, unglücklich und unzufrieden reagiert und die ihn langsam aber sicher vertreibt.

Das „erste Mal“ wird von Männern häufig heruntergespielt. Sie befürchten – übrigens zu Recht –, dass die Partnerin dieses Erlebnis sehr ernst nimmt. Daher betonen sie das schöne Miteinander, legen aber Wert darauf, dass bloß keiner Ansprüche an den anderen stellt. Frauen erkennen plötzlich, dass Männer diese „Spielregeln“ vorher niemals erwähnen.

Für viele weibliche Singles ist Sex ohne Liebe in der Regel nicht denkbar. Sie wollen eine „runde Liebe“, die das Zusammengehörigkeitsgefühl einschließt. Eine feste Partnerschaft ist dafür die beste Basis. Männer sind dagegen weit eher bereit, sich auf eine unverbindliche lose Beziehung einzulassen, die die körperliche Sexualität mit einschließt.

Die Unausgewogenheit der Beziehung hat sicher auch mit den unterschiedlichen Bedürfnissen von Männern und Frauen zu tun. Viele Männer gehen in ihrem Beruf auf, finden darin ihre Erfüllung und genießen die schönen Abenteuer nebenbei. Nur wenige Frauen halten es wie die Männer. Sie sind sexuellen Abenteuern gegenüber aufgeschlossen. Sex macht ihnen Spaß. Sie genießen die gute Gelegenheit und weinen dem Mann keine Träne mehr nach, wenn der Kontakt danach verebbt. Die Mehrheit aber schafft das nicht und will es auch nicht. Sie fühlen sich eher missbraucht, gedemütigt und gekränkt.

„Genitale Sexualität" und „Sexualität an sich"

Diese Unterscheidung trifft Siegfried Grossmann, Bildungsreferent im Bund Evangelisch-Freikirchlicher Gemeinden in Staufenburg im Harz. Er schreibt dazu:

„Ich unterscheide einmal zwischen der ‚Sexualität an sich' und der ‚genitalen Sexualität' ... Wer sich entschieden hat, die Grenze zur genitalen Sexualität (geschlechtliche Vereinigung von Mann und Frau) nicht zu überschreiten, kann umso unbefangener die ‚Sexualität an sich' entfalten."

Was versteht Siegfried Grossmann unter der „Sexualität an sich"?

- Der Mensch hat die eigene Geschlechtlichkeit voll angenommen. Ich bin gern ein Mann, ich bin gern eine Frau.
- Der Mensch klammert seine Sexualität nicht aus, weil sie in Beziehungen zu Kollegen, Nachbarn und Mitarbeitern eine Rolle spielt.
- Der Mensch findet Menschen des anderen Geschlechts schön und anziehend. Er freut sich über den Kontakt mit ihnen.
- Bewusste Ehelosigkeit bedeutet nicht automatisch ein reduziertes Leben.

„Wenn ich die biblische Gleichung ‚genitale Sexualität = Ehe‘ anerkenne, kann ich erotische Spannungen zwischen den Geschlechtern annehmen und leben, weil ich in der Lage bin, die notwendigen Grenzen zu ziehen.“

Singles und Enthaltsamkeit

Lassen wir noch einmal Siegfried Grossmann zu Wort kommen:

„Wir dürfen aber bei den allein Lebenden nicht einfach von Enthaltsamkeit reden, und wenn wir es tun, kann es nur differenziert sein: Es geht nicht um sexuelle Enthaltsamkeit, die unmöglich ist, weil sich niemand von seiner Sexualität distanzieren kann, sondern um die Enthaltsamkeit von genitaler Sexualität ... mit sexuellen Fantasien ist auch die Selbstbefriedigung verbunden, die für allein Lebende dann kein Problem ist, wenn sie einen Akzent in der Beziehung zum eigenen Körper darstellt. Sobald sie die sexuellen Empfindungen überwuchert, wird sie problematisch, weil sie den Menschen auf sich selbst fixiert.“

Ein klares und ehrliches Wort. Es verringert unnötige Schuldgefühle, es bejaht Gottes Schöpfung, der uns die Sexualität geschenkt hat. Es zieht klare Grenzen, die selbstverständlich auch nicht problemlos einzuhalten sind. Siegfried Grossmann spricht von „Brandblasen“, ohne die ein Single-Leben wahrscheinlich nicht zu leben ist. Selbstbefriedigung ist also nicht grundsätzlich Sünde. Der Single nimmt die Gaben Gottes in Anspruch und ist dankbar dafür.

Zitate zum Thema „Single“

Wozu braucht der Fisch ein Fahrrad? Wozu braucht die Frau einen Mann?

Elisabeth Dunkel (Der Fisch ohne Fahrrad)

Bestimmte Quellen können wir nur erschließen, wenn wir allein sind.

Anne Morrow Lindbergh

Gott erhalte uns die Freundschaft. Man möchte beinah glauben, man wäre nicht allein.

Kurt Tucholsky

Meist gibt es keinen allgemein gültigen, bewusst eingerichteten Beginn des Alleinlebens, vergleichbar etwa mit dem Akt beim Standesamt oder etwa dem Zusammenziehen in die gemeinsame Wohnung. Für eine Reihe von Singles allerdings fängt ihr Single-Leben beim Abschied vom Partner an. Dies könnte man als erste Phase des Alleinlebens bezeichnen.

Eva Jaeggi (Psychotherapeutin in: „Ich sag' mir selber guten Morgen“)

Weil alles so schnell geschieht und wir von einer Stadt in die andere ziehen, weil wir Entwurzelte und Durchreisende sind, haben wir für zwischenmenschliche Beziehungen nicht mehr richtig Zeit.

Anais Nin

Das Erlernen der Einsamkeit ist eine Kraft und nicht ein Ziel.

Elisabeth Badinter

Der Unglückliche wird argwöhnisch, er kennt wder die gute Seite des Menschen, noch die günstigen Winke des Schicksals.

Johann Wolfgang von Goethe

Die meisten Leiden, die sich aus den Beziehungen zwischen Mann und Frau ergeben, haben die Ursache, dass das eine Geschlecht absolut unfähig ist, das andere zu verstehen.

Leo N. Tolstoi

Krise ist ein produktiver Zustand. Man muss ihr nur den Beigeschmack der Katastrophe nehmen.

Max Frisch

Das Pendel muss zwischen Einsamkeit und Gemeinsamkeit, zwischen Einkehr und Rückkehr schwingen.

Anne Morrow Lindbergh

Kapitel 5

Der Single und die Selbstbefriedigung

Die Sexualität ist eine wunderbare Gabe unseres Schöpfers. Sie kann unser Leben bereichern und erfüllen. Sie verleiht unserem Leben Spannung, aber auch Probleme. Ohne „Brandblasen“ kommen die wenigsten davon. Wer ohne Sünde leben will, müsste eigentlich diese Erde verlassen. Und das gilt besonders auch für den sexuellen Bereich.

Selbstbefriedigung bei Männern und Frauen

Selbstbefriedigung ist die häufigste sexuelle Betätigung. Sie spielt vor allem bei Männern eine Rolle, aber natürlich auch bei Frauen. Es kursiert das freche Wort über Männer: „Von 100 Männern über 18 Jahren betreiben 99 Selbstbefriedigung und der eine, der sagt, er täte es nicht, der lügt.“ Sicherlich eine Übertreibung, aber die Aussage hat etwas sehr Realistisches an sich. Sogar im ehelichen Zusammenleben spielt die Selbstbefriedigung eine enorme Rolle.

Der schon zitierte Professor Archibald Hart schreibt:

„56 % aller verheirateten Männer befriedigen sich nach wie vor selbst, 80 % davon mehr als fünfmal im Monat. Für viele Frauen ist das schwer zu verstehen, weil ihre Sexualität anders ist. Es ist aber erst einmal ganz einfach so, diese Zahlen spiegeln die Realität.“[1]

Hart befragte in erster Linie christliche Frauen und Männer. Wenn also die Zahlen stimmen – und ich denke, dass sie stimmen –, dann haben auch verheiratete Männer mehr Selbstbefriedigung als Geschlechtsverkehr mit dem Partner. Für Christen ein beschämendes Selbstzeugnis.

Der Begriff „Selbstbefriedigung"

Für Selbstbefriedigung gibt es eine ganze Reihe von Umschreibungen. Die einen sprechen von „Selbstbefleckung" und leiten dies aus der Bibel ab. Andere sprechen von „Masturbation" (lat.: masturbatio, manus = Hand, stupare = entehren), von der „Stummen Lust" (Walter und Ingrid Trobisch), von der „Einsamen Sünde", von „*Der* Sünde" und fälschlicherweise von „Onanie". Das Wort „Onanie" ist von einem biblischen Bericht abgeleitet, der uns im 1. Buch Mose im 38. Kapitel geschildert wird. Onan ist der Sohn Judas, der nach Sitte des israelischen Volkes nach dem Tode seines Bruders mit dessen Frau Kinder zeugen muss, weil die Frau sonst kinderlos geblieben wäre. Weil Onan wusste, dass die Kinder nicht als seine gelten würden, vollzog er den Coitus interruptus, den unterbrochenen Geschlechtsverkehr. Er befriedigte sich aber nicht *selbst*. Onan wurde mit dem Tode bestraft, weil er die Leviratsehe, ein Gebot Gottes, nicht eingehalten hatte.

Das Ehepaar Trobisch schreibt über die Selbstbefriedigung:

„Selbstbefriedigung ist keine Krankheit, sie ist ein Symptom, ein Anzeichen dafür, dass ein tiefer liegendes Problem vorhanden ist. Das tiefer liegende Problem hat eine sexuelle Form. Die ‚Selbstbefriedigung' ist ganz gewiss keine Befriedigung. Sie heißt nur so."[2]

Viele Fachleute gehen davon aus, dass hinter der Selbstbefriedigung *häufig* ein Problem steht, das zur Selbst- bzw. Ersatzbefriedigung führt.

Aber ich denke, das andere muss ebenfalls gesagt werden: Selbstbefriedigung ist auch ein Hormon- und Drüsenproblem. Die Geschlechtshormone stimulieren biologisch die Sexualorgane, ohne dass Unzufriedenheit, Unglücklichsein und Probleme den Menschen bedrücken müssen. Anders gesagt: Wenn Pollutionen im Traum stattfinden, dann ist es auch normal, wenn sich die sexuelle Erregung auch im Wachzustand ereignet.

Ist Selbstbefriedigung eine normal-sexuelle Reaktion?

Hierzu möchte ich einige Stellungnahmen von Autoren zitieren, die sich selbst als Christen bezeichnen:

„Auf einigen Stufen der körperlichen Entwicklung scheint das genitale Interesse auf einen besonderen Wachstumsschub hinzuweisen. Das ist schon in den ersten Lebensjahren beim Kleinkind zu beobachten und dann wieder besonders in der Pubertät und frühen Adoleszenz. In diesen Phasen ist es ganz normal, seine Sexualität über den Genitalbereich zu erleben (wenngleich dies nicht bei allen Menschen zu aktiver Masturbation führt). Deshalb möchte ich ganz entschieden jene gesellschaftlichen und religiösen Lehren zurückweisen, die die Masturbation als krankhaft, schädlich und pervers verteufelt haben ... Man kann jedenfalls getrost behaupten, dass Masturbation so lange ‚normal' und verständlich ist, solange sich der Mensch in sexueller Entwicklung befindet ... Körperlicher Orgasmus ist, allen anderen Aussagen zum Trotz, medizinisch nachweisbar sehr gesund; in der Anregung des Kreislaufs, über die Durchblutung des gesamten Hautzellensystems bis zum Muskelgewebe und zu den inneren Organen wie Lungen, Nieren etc. Obwohl es, medizinisch gesehen, weder für Verheiratete noch für Unverheiratete notwendig ist zu masturbieren, ihrem Körper tut es gut.“[3]

Professor Michael Dieterich schreibt in der Zeitschrift „idea Spektrum“:

„Von Selbstbefriedigung steht kein Wort in der Bibel. Wer jungen oder auch älteren Menschen vormacht, dass sie ‚eine ganz besondere Sünde‘ begangen haben, begibt sich auf unbiblisches, gefährliches, ja verführerisches Gebiet. Er bringt diese Menschen in Not hinein, die er als Seelsorger verantworten muss.

Psychologisch gesehen wird auch das Gottesbild verfälscht. Ein von allen Menschen als schön empfundenes Gefühl wird von Gott verboten – dadurch entsteht das Denken: Gott will nicht, dass Menschen Schönes erleben. Menschen, denen Selbstbefriedigung als Sünde erklärt wurde, leben ständig unter der Angst und leiden immer wieder unter ihrem ‚Versagen‘. Hunderte Male haben sie Gott gebeten, diese ‚Sünde‘ wegzunehmen, und immer wieder erleben sie, dass Gott das nicht tut.“[4]

Der lutherisch-pietistische Theologe Pfarrer Dr. Hans-Jörg Bräumer schreibt in einem Beitrag Folgendes:

„Die Bestrafung jeder Form von Eigensexualität (Masturbation) macht liebesunfähig. Die Bibel streift die Selbstbefriedigung mit keinem einzigen Wort. Onan (von ihm rührt der Begriff Onanie her) befriedigte nicht sich selbst, sondern verweigerte der bislang kinderlosen Frau seines verstorbenen Bruders die Nachkommenschaft (in 1. Mose 38,8+9). Eigensexualität in Form von Selbstbefriedigung ist bei Kindern und Jugendlichen eine altersgemäße Form von Sexualität, deren Entwicklung für die gesunde und reife Sexualität Voraussetzung ist.

Medizinisch gesehen ist Selbstbefriedigung kein Krankheitssymptom und zieht demnach auch keine biologisch-medizinischen Entwicklungsstörungen nach sich.“[5]

Zwei theologische Auffassungen stehen sich gegenüber.

Auffassung 1: Wenn unter Sünde eine Zielverfehlung verstanden wird, dann ist Selbstbefriedigung Sünde. Wenn es stimmt, dass Gott die Menschen zur Zweisamkeit und zur Ehe berufen hat, ist die Selbstbefriedigung Sünde und damit eine Verfehlung der Schöpfungsordnung Gottes.

Auch der Bund Freier evangelischer Gemeinden, die sich als Jahresaufgabe für 1986/87 das Thema „Leben lernen“ vorgenommen hatten, beschäftigte sich mit Selbstbefriedigung und Sünde:

„Ist Selbstbefriedigung Sünde?, fragen viele junge Leute. In der Bibel gibt es keine Stelle, die speziell etwas zu unserem Thema sagt. Sie sagt aber, dass jede egoistische Lebensweise Sünde ist. Jedes Handeln, das nur den eigenen Vorteil und die eigene Befriedigung sucht, ist Schuld an Menschen und an Gott. Selbstsucht ist ja ein Motor vielfältiger Gefühle, Gedanken, Motive und Handlungen auf allen möglichen Lebensgebieten, zu denen Gott sein Nein spricht. Der Selbstbefriedigung fehlt nun der personale Bezug auf das gegengeschlechtliche Du hin. Sie ist Ich-Liebe, die im Reifungsprozess der Persönlichkeit von der Du-Liebe abgelöst werden soll. Es gibt aber vieles, was diesen Entwicklungsprozess verhindern kann und persönliche Lustbefriedigung als höchste Erfüllung festschreibt.“[6]

Es geht also um eine ichbezogene Einstellung, die die Hinwendung zum anderen Menschen vermissen lässt.

Auffassung 2: Und was machen Geschiedene, getrennt Lebende, allein Lebende, Behinderte und Singles, die aus verschiedensten Gründen keinen Partner finden wollen oder können? Was machen die, die verschuldet oder unverschuldet eine Abwehrhaltung gegenüber dem anderen Geschlecht eingenommen haben und sich ein Zusammenleben mit einem Partner des anderen Geschlechts nicht mehr vorstellen können? Der persönliche Bezug zum Du des anderen Geschlechts ist für sie nicht gegeben. Wenn diese Menschen sich eine sexuelle Befriedigung verschaffen, weil sexuelle Bedürfnisse und Sehnsüchte lebendig wurden, ist das nachvollziehbar.

Wir werden in der Ewigkeit erfahren, wie der lebendige Gott über diese Einstellungsmuster denkt. Je mehr ein Single negativ auf die Selbstbefriedigung fixiert wird und mit Schuldgefühlen reagiert, desto mehr wird er sich in seinem Selbstwert und in seinem Selbstverständnis belasten. Wenn Christus unser Erlöser ist und uns frei macht von Schuld, ist die Frage, ob nun erlaubt oder nicht erlaubt, eigentlich überflüssig. Das stellt auch die Zeitschrift „Single" fest, herausgegeben vom Bund der Evangelisch-Freikirchlichen Gemeinden in Deutschland.

Wenn die „Sexualität an sich" zur Sucht wird

Auch die Selbstbefriedigung kann sich zur Sucht entwickeln. Einsamkeit, Langeweile, Selbstmitleid, Misserfolge an der Arbeitsstelle, Kränkungen und Ausgrenzungen können die

Selbstbefriedigung steigern. Der Rückzug in die Einsamkeit – man spricht ja gern von der „einsamen Sünde" – ist gefährlich. Den Menschen erfasst eine zwanghafte Unfreiheit. Er fühlt sich als Sklave seines Triebes. Es ist demütigend und bedrückend, vom eigenen Trieb beherrscht zu werden. Der Psychologe Dr. Arthur Domig aus Österreich spricht sogar von „masturbativer Perversion".

An dieser Stelle ein erklärendes Wort zur Perversion. Das Fremdwort „pervers" meint im Allgemeinen die „Abweichung von einem normalen Verhalten". Nur, was ist normal? Seit den 70er-Jahren wird in der Sexualwissenschaft lieber das Wort Deviation benutzt. Deviation meint „Abweichung", hier also Abweichung vom Durchschnittsverhalten. Das Leiden des Devianten kommt in der Regel durch Intoleranz der Umgebung zu Stande, im christlichen Bereich etwa durch falsche Interpretation von Bibelworten.

Zurück zur Selbstbefriedigungs-Sucht. Viele Menschen, vor allem Männer, versuchen, den sexuellen Reiz zu verstärken. Sie benutzen etwa Pornografie, laszive Bilder, Videos und anderes zur Stimulation. Gedanken, Gefühle und die Fantasien können von diesen Eindrücken und Bildern so besetzt werden, dass eine „masturbative Perversität" entsteht. Dr. Domig schreibt:

„Das Geschenk der Sexualität zu verdrehen und zu vergiften, ist seit Menschengedenken ein dämonisches Ziel. Der Mensch ist eben nicht nur ein körperliches und seelisches, sondern auch ein geistliches Wesen. Wie und wen wir anbeten, prägt unsere Persönlichkeit."[7]

Selbstbefriedigung und Sünde

Die meisten christlichen Autoren sind sich darüber einig, dass viele Praktiken, die aus unerfüllter Sexualität erwachsen, mit Sünde verbunden sind.

Zunächst aber wieder die Frage: Ist Selbstbefriedigung Sünde? Ich zitiere im Folgenden einige Autoren und Verbände.

Der Süddeutsche Jugendverband „Entschieden für Christus“ hat eine Orientierung für Mitarbeiter herausgegeben mit dem Titel „Sexualität – wir reden darüber“. Da heißt es unter anderem:

„‚Die Bibel streift die Selbstbefriedigung mit keinem einzigen Wort!‘ (Hans-Jörg Bräumer). Allerdings entdecken wir im Wort Gottes auch Grundlinien, die uns einen Orientierungsrahmen geben. Christen haben eine neue Lebensrichtung, nicht mehr auf das eigene Ich bezogen, sondern auf Jesus Christus gerichtet. Selbstbefriedigung ist in vielen Fällen mit sexuellen Fantasien verbunden. Das könnte nach Jesu Aussagen ‚gefährlich‘ werden. Matthäus 5,28: ‚Wer eine Frau ansieht, sie zu begehren, der hat schon mit ihr die Ehe gebrochen in seinem Herzen!‘“

Auch der EC hält Selbstbefriedigung nach biblischer Aussage nicht für Sünde, sieht in der Praxis aber viele sündige Muster, für die er einige seelsorgerische Hinweise anbietet.

In der Zeitschrift „Single“, die vom Bund der Evangelisch-Freikirchlichen Gemeinden herausgegeben wurde, heißt ein Beitrag „Wie geschieht nun Erlösung?“. Unter anderem heißt es:

„Wie geschieht nun Erlösung? Gott verachtet mich nicht, ich bin auch im Fehlverhalten von ihm geliebt und angenommen. Die Frage, was denn nun alles für Christen im sexuellen Bereich erlaubt ist, ist eigentlich eine überholte Frage. Sie zeigt, dass unser Gottesbild mehr von einem verbietenden Gott ausgeht als von einem liebenden, mit dem ich in enger Beziehung stehe ... Nicht Enthemmung, nicht Unterdrückung, sondern Erlösung ist gefragt ... Dabei dürfen Fehler gemacht werden; Vergebung ist mir möglich."[8]

Die Aussagen sind bewusst seelsorgerisch positiv gehalten, um den Blick von Schuld und Schuldgefühlen wegzulenken hin auf das erlösende Wort in Jesus Christus.

Die Sucht nach Pornografie

„Ich bin pornosüchtig." Das erzählt mir ein 24-jähriger junger Mann, der als Facharbeiter in einer Großstadt lebt. Er meint, dass er kein bewusster und wiedergeborener Christ sei, weil er mit seiner Pornosucht und mit seiner Selbstbefriedigung bis heute nicht fertig geworden ist.

Er betet jeden Abend und jeden Morgen. Gott ist ihm ein lebendiges Gegenüber, aber er verzweifelt an seinem Glauben, weil ihn seine sexuellen Fantasien überrollen und er nicht in der Lage ist, die „Fantasiefilme", wie er sagt, zu stoppen.

Zwar lebt er allein, unterhält aber immer wieder freundschaftliche Beziehungen zu Mädchen, mit denen er sexuell verkehrt. Jedes Mal nimmt er sich vor, es mit den jungen Damen zu keinen intimen Kontakten kommen zu lassen, aber die so genannten günstigen Gelegenheiten, die beide bewusst oder unbewusst arrangieren, verleiten immer wieder zu sexuellen Beziehungen. Ist es ihm gelungen, mit einer Freundin nicht intim zu werden, ist er sexuell so „aufgeheizt“, dass er sich Pornofilme, die er sich in einem Erotik-Shop ausleiht, anschaut. Er bestätigt, dass er „weiche und harte Pornos“ ausleiht und sich Sex in allen Varianten einverleibt. Ehrlicherweise gibt er zu, dass diese Filme eine wunderbare Stimulierung dazu sind, sich selbst – während des Films oder anschließend – zu befriedigen.

Seine Schuldgefühle sind enorm, weil er spürt, dass er sich in Gedanken und in der Fantasie mit den dargestellten Personen sexuell einlässt. Er selbst hat auch keinen Zweifel daran, dass das Wort Jesu zutreffend ist: „Wer eine Frau ansieht, sie zu begehren, hat Ehebruch in seinem Herzen begangen.“

„Ich habe schon so oft den Versuch unternommen, mir keine Filme mehr auszuleihen. Aber wenn das Licht ausgeht, sind meine sexuellen Fantasien so blühend, dass die Bilder sich vor meinen Augen überschlagen. Ich bete, die Bilder sind für ein paar Sekunden verschwunden, doch dann geht es wieder los. Ich habe bisher noch mit keinem Menschen darüber gesprochen. Das alles verdirbt mir den Frieden.“

Ich frage den jungen Mann, warum er nicht heiratet. Er schaut mich mit einem gequälten Gesichtsausdruck an und sagt: „Mit so einem Gefühlschaos kann ich doch keine Frau glücklich machen! Ich werde den Eindruck nicht los, dass ich noch völlig unreif bin. Ich brauche Hilfe, damit mein Leben in normalen Bahnen verläuft.“

Auch hier möchte ich in den Hinweisen zum Beratungsgeschehen deutlich machen, dass eine solche „Sucht“ nicht unheilbar ist. Der junge Mann möchte davon loskommen, aber dazu ist es wichtig, die Gründe für seine Sucht zu erkennen und mit ihm gemeinsam Wege aus seiner Abhängigkeit zu finden.

Einige Hinweise zum Beratungsgeschehen

Hinweis 1: Der junge Mann leidet an einer Sucht

Es gibt in der Tat viele Süchte. Wir sprechen von Putzsucht, Eifersucht, Spielsucht, Fresssucht, Magersucht, Fernsehsucht, Arbeitssucht und eben auch von Pornosucht. Der Begriff „Sucht“ drückt aus, dass ein unwiderstehlicher Drang den Menschen heimgesucht hat, den er aus eigenen Kräften häufig nicht überwinden kann.

Die sexuelle Begierde kann durch aufreizende Bilder und Filme so gesteigert werden, dass eine sexuelle Abreaktion erforderlich wird.

Hinweis 2: Erklärung des Begriffs „Pornografie“

Der Begriff stammt aus dem Griechischen und beinhaltet die Wörter porne = Hure und graphein = schreiben, darstellen. Übersetzt heißt Pornografie also „Hurenschreibe“. Was normalerweise Huren tun und lassen, wird in pornografischen Filmen unzweideutig zur Schau gestellt. Wir unterscheiden „weiche Pornografie“ von „harter Pornografie“, wobei bei letzterer der Geschlechtsakt nicht vorgetäuscht, sondern tatsächlich ausgeführt wird. Geschlechtliche Praktiken werden in allen Einzelheiten gezeigt. In der Regel fehlen bei den Filmen eine durchgehende Handlung, tiefer gehende Dialoge und ein liebevolles Zusammenspiel von Mann und Frau. Kurz und knapp: Es handelt sich um eine „Hurenschreibe“.

Hinweis 3: Pornofilme oder Selbstbefriedigungs-Vorlagen

Videos, Männermagazine, Sexkalender und -zeitschriften werden von vielen Singles – in erster Linie natürlich von männlichen – als Stimulations-Vorlage zur Selbstbefriedigung benutzt. Oft sind die, die dieses Material benutzen, einsam, kontaktschwach und eigenbrötlerisch. Sie weichen dem anderen Geschlecht aus. Die „Papier-Huren" stehen immer zur Verfügung, können problemlos benutzt, ausgebeutet und missbraucht werden. Pornos sind ein trauriger Ersatz für die Beziehung zwischen zwei Liebenden.

Der junge Mann in der Beratung gehört nicht zu den kontaktgehemmten Singles. Er kann normale Beziehungen pflegen, wird nur mit seiner überbordenden Sexualität nicht fertig, die er künstlich gesteigert hat.

Hinweis 4: Der junge Mann wird mit Einsamkeit schlecht fertig

In den Gesprächen wird deutlich, dass er neben seinem Beruf keine Hobbys pflegt, keine gleichgeschlechtlichen Freundschaften unterhält, keine besonderen Interessen kultiviert und sich in erster Linie mit sich beschäftigt. Bevor er die Pornografie entdeckte und zu seinem „Hobby" machte, reagierte er wie andere junge Männer. Er bildete sich beruflich weiter, war abgelenkt und in seinem Leben ausgefüllt. Er wohnte noch zu Hause, war in Haus und Garten beschäftigt und hatte eine gewisse Abwechslung. Als er dann mit 23 Jahren das elterliche Haus verließ und eine kleine Einliegerwohnung bezog, begann er sein Leben umzustellen. Einsamkeit nahm ihn in Beschlag. Depressive Stimmungen suchten ihn heim. Er sehnte sich nach seinen Freunden und Bekannten, die aber weiter weg wohnten. Die Besuche in der Heimat wurden weniger und das Bedürfnis, sich zu befriedigen, nahm rasant zu. So lieh er sich zum ersten Mal in seinem Leben Videofilme mit sexuellem Inhalt aus. Die Pornosucht entwickelte sich stetig. Zweifellos ist Einsamkeit ein Motiv, um in die Pornosucht zu geraten.

Hinweis 5: Pornosucht ist keine Krankheit

Ich denke, die Lebensgeschichte des jungen Mannes zeigt deutlich, wie sich eine seelische Störung einfädelt. Pornosucht ist keine anlagebedingte Schwäche, die sich unaufhaltsam aus der Verkapselung befreit. Vielmehr ist sie eine selbst verschuldete, selbst geförderte Befriedigung, die immer gefräßiger wird und ihre Ansprüche steigert. Man kann die Pornosucht mit dem Trinken von Salzwasser vergleichen. Je mehr Salzwasser wir zu uns nehmen, desto durstiger werden wir. Wer seine sexuellen Bedürfnisse mit Reizmitteln füttert, kommt nicht mehr zur Ruhe. „Die ich rief, die Geister, werd ich nicht mehr los!“ Dieses Goethe-Wort trifft den Sachverhalt genau. Das bedeutet aber auch: Wenn wir wissen, wie wir unsere Sucht installiert haben, können wir sie auch wieder zurückschrauben.

Hinweis 6: Sucht und Schuldgefühle

Der junge Mann ist Christ. Seine Suchtproblematik hat ihn allerdings in seinem Glauben irritiert. Er hat sich in einen Teufelskreis begeben, den er aus eigener Kraft nicht mehr verlassen kann. Die Steigerung seiner sexuellen Bedürfnisse hat ihm unvorstellbare Schuldgefühle eingebracht. Seine Sucht hat auch seine sexuellen Bedürfnisse gesteigert, die ihr Recht verlangen, wenn er mit seiner Freundin zusammen ist.

„Ich stehe ständig unter Strom!“, kommentiert er sein Befinden. „Ich glaube, ich bin abartig.“

Selbstverständlich ist er das nicht. Seine bisherige Lebensgeschichte zeigt eine ganz normale Entwicklung – bis zum Umzug in die Einliegerwohnung, weit entfernt vom Elternhaus. Einsamkeit, Langeweile und fehlende Hobbys bescheren ihm eine innere Leere. Und diese innere Leere füllt er mit sexuellen Bildern, pornografischen Filmen und Fantasien aus. Dieser Abweg, nicht die Abartigkeit, verstärkt seine Schuldgefühle mit schnellen Schritten. Und die Schuldgefühle, die ihn überschwemmen, bringen auch sein Glaubensleben durcheinander.

Hinweis 7: Der Weg zurück

Die einzelnen Stationen in die Pornosucht haben wir gemeinsam Stück für Stück aufgearbeitet. Die Wegbeschreibung stimmt. Der junge Mann ist von der allmählichen Zuspitzung seiner Situation überzeugt. Und er gewinnt zunehmend das Vertrauen, dass er nicht „verrückt“ ist. Und so sieht er eine sachliche und geistliche Möglichkeit, von der Pornosucht befreit zu werden.

Gemeinsam haben wir dann Schritte besprochen, die einen Ausbruch aus dem Teufelskreis der Sucht ermöglichen sollen.

Schritt 1: Welches Hobby kann seine innere Leere verringern?

Der Mann hat erkannt, dass er seine innere Leere mit fragwürdigem Inhalt gefüllt hat. Dieser Inhalt kann aber nur beseitigt werden, wenn ein anderer Inhalt an seine Stelle tritt. Eine Gesprächseinheit beschäftigt sich nun ausschließlich mit einem befriedigenden Hobby.

Als Junge war er Mitglied im EC-Verband und sang im Jugendchor. Der Chorleiter hatte oft seine schöne Stimme gelobt und sich gut vorstellen können, dass er in einem anspruchsvollen Chor mitsänge.

Für den Berater ist die Realisierung dieses ersten Schrittes ein Beweis dafür, ob der Rat suchende wirklich eine Umkehr einleiten will. Der junge Mann muss *selbst* eine Chorgruppe suchen und zeigen, dass er ernst macht.

Ein Vierteljahr vergeht. Er hat sich in einer Ten-Sing-Gruppe des CVJM angemeldet und ist begeistert. Es macht ihm sehr viel Spaß.

Schritt 2: Die Resignation und die depressiven Stimmungen haben sich verloren

Die traurigen Gesichtszüge sind bald verschwunden. Der junge Mann kann wieder lachen und macht auch in unseren Gesprächen witzige Bemerkungen.

Im Chor hat er Anschluss gefunden. In kleinen Gruppen kommen die Sänger zusammen und üben einzelne Passagen ein. Seine Freizeit ist mehr und mehr ausgefüllt. Abends fällt er oft müde und positiv erschöpft ins Bett.

Schritt 3: Er braucht die Pornofilme nicht mehr

Er hat als Programmierer einen befriedigenden Job. Seine Freundin hatte mit ihm Schluss gemacht, weil sie seine „frömmelnde Einstellung“ nicht mochte. Zunächst war er ein paar Wochen niedergeschlagen. Aber in der Ten-Sing-Gruppe bahnen sich Freundschaften zu beiden Geschlechtern an. Er erlebt bewusst Christen, die mit beiden Beinen im Leben stehen. Die meisten sind zwar einige Jahre jünger als er, aber seine Gemeinschaftsfähigkeit überbrückt den Altersabstand.

Kapitel 6

Der Single und wie er seinen Alltag bewältigt

Wie können Singles ihre Zufriedenheit verstärken und ihr Wohlbefinden verbessern? Welche Anregungen und Hilfen können Gefahren verringern? Dazu im Folgenden einige menschliche und geistliche Anregungen und Denkanstöße.

Neun Denkanstöße

Denkanstoß Nr. 1: Der Ledigenstand als Gottesordnung

Single-Sein und Ledigenstand sind keine Anhängsel der Lehre von der Ehe. Sie erfahren in Gottes Ordnung einen selbstständigen Wert.

Im Alten Testament und in der traditionellen Familie hat es den Ledigenstand nicht gegeben. Es gab wohl einzelne Menschen, die nicht geheiratet haben, aber sie wurden von ihren Mitmenschen auch mit Bedauern, ja sogar mit Verachtung betrachtet. Sie hatten kein selbstständiges Leben, sondern waren Menschen zweiter Ordnung, eingegliedert in die bestehende Großfamilie. Die einzigen selbstständigen Ledigen waren die „Heiligen“, zum Beispiel die Mönche.

Zweifellos begründet die christliche Botschaft von der Ehe auch den besonderen Auftrag des Singles. Das bedeutet, solange die Ehe als eine „natürliche Sache“ angesehen wird, ist die Ehelosigkeit als „unnatürlich“ zu betrachten. Wird die Ehe aber als besondere Berufung verstanden, dann trifft das auch auf das Single-Sein zu.

Jesus hat Ehe und Ehelosigkeit folgendermaßen charakterisiert:

„Nicht alle können dieses Wort fassen, sondern nur die, denen es gegeben ist. Denn es ist so: Manche sind von Geburt an zur Ehe unfähig, manche sind von den Menschen dazu gemacht und manche haben sich selbst dazu gemacht – um des Himmelreichs willen. Wer das erfassen kann, erfasse es“ (Matthäus 19,11+12).

Ein paar Hinweise zum theologischen Verständnis:

Hinweis 1: Was Jesus über die ideale Ehe sagt, musste den Menschen damals höchst problematisch vorkommen. Sie kannten lediglich die Aussagen der Rabbiner über Ehe und Sex und das waren Aussagen wie: „Zu denen, die die Hölle nicht erblicken werden, gehört der Mann, der eine böse Frau gehabt hat.“ Oder: „Ein böses Weib ist für ihren Mann wie Aussatz. Welches Mittel gibt es dagegen? Er soll sie entlassen; dann wird er vom Aussatz befreit sein.“ Jesus sagt aber diametral etwas anderes als die Rabbiner. Und die waren entsetzt.

Hinweis 2: Nur Christen können diese Maßstäbe Jesu anerkennen. Die Lehre Christi ist ohne Jesus Christus nicht zu realisieren. Nachfolge ist ein Geschenk und keine fromme Leistung. Nur wer Jesus als Helfer und Begleiter seines Lebens kennt, ist in der Lage, diesem Ehe-Ideal gerecht zu werden.

Hinweis 3: Jesus unterscheidet drei Gruppen von Ledigen. Er spricht von Menschen, die durch angeborene Defekte eheuntauglich sind, dann von denen, die durch Menschen entmannt wurden, zum Beispiel Eunuchen, die an Königshöfen als Haremswächter ihren Dienst taten.

Professor Thielicke zählt zu dieser Gruppe aber auch Menschen, die von bestimmten „Lebensgeschicken", von „sozialen Zuständen und Ähnlichem" betroffen sind und daher auf die Ehe verzichten müssen. Drittens spricht Jesus von Menschen, die um des Himmelreichs willen auf die Ehe verzichten.

Hinweis 4: Singles, die das Gelübde der Ehelosigkeit abgegeben haben, legen damit auch freiwillig das Gelübde der Keuschheit, der Armut und des Zölibats ab, um intensiv für das Reich Gottes tätig zu sein.

Professor Thielicke fasst die Ehelosigkeit wie folgt so zusammen:

„Zweitens, dass Ehelosigkeit immer als Ausnahme erscheint, und zwar unter zwei Teilaspekten. Einmal positiv als freiwillig ergriffener Stand, der ein Stück geschöpflichen Lebens um eines höheren Auftrags willen aufopfert; ferner negativ als defizienter Modus, der durch angeborene oder erworbene (übertragen: durch endogene oder induzierte, durch konstitutionelle oder situationsbedingte) Mängel daran hindert, eine dem Menschen zugeeignete geschöpfliche Wirklichkeit – nämlich Geschlechtswesen zu sein und Kinder zu zeugen – auszuleben."[1]

Professor Thielicke spricht noch von einem „Volk von Verheirateten", spricht von einer Zeit, die „soziologisch" keine ausgefüllte Existenz für die Frau außerhalb von Ehe und Familie sehen konnte. Daran sehen wir, dass sich die Sichtweise innerhalb von 30 Jahren ganz grundsätzlich geändert hat. Heutige soziologische Untersuchungen vermitteln ein völlig anderes Bild über Verheiratete und so genannte „Einpersonenhaushalte".

Eine andere Frage: Muss der Ledige allein leben? Dr. Theodor Bovet, den man auch den Vater der Eheforschung in Europa nennt, hat den Ledigenstand – das Wort „Single" war damals noch nicht gebräuchlich – als Theologe und Therapeut folgendermaßen beschrieben:

„Außerhalb der Ehe sind Mann und Frau ledig, das heißt ‚frei', ‚beweglich', ‚ungebunden'. Ihre Person ist in sich geschlossen, nicht mit einer anderen verwachsen. Es ist ihnen deshalb möglich, mit verschiedenen Partnern Freundschaften einzugehen und sich in besonderer Weise zu Gemeinschaften zusammenzuschließen. Diese Freiheit und Beweglichkeit ist der besondere Vorzug und Reichtum, und auch die besondere Berufung des Ledigen.

Ein landläufiges Urteil setzt ‚ledig' gleich mit ‚allein stehend'. Wenn auch Ledige in der Tat oft allein stehen, so gehört dieser Umstand in keiner Weise wesentlich zu ihrem Stand. Der und die Ledige haben ebenso gut wie die Verheirateten die Möglichkeit der Partnerschaft, auch mit dem anderen Geschlecht.

Wenn wir hier von Partnerschaft reden, so meinen wir nicht sexuelle Partnerschaft. Die Geschlechtsgemeinschaft ist ein Aspekt der Ehe, und dieser lässt sich nicht einfach auf die nicht-eheliche Partnerschaft übertragen."[2]

Denkanstoß Nr. 2: Wir geben keinen Anstoß

Paulus schreibt von sich und seinen Mitarbeitern:

„Wir gaben in keiner Sache irgendeinen Anstoß, damit unser Dienst nicht in Verruf kommt“ (2. Korinther 6,3).

Es kommt nicht nur auf unser Tun an. Ich bin auch mitverantwortlich für die Gedanken und Fantasien, die ich beim anderen provoziere.

Ein Mitarbeiter des CVJM sagte mir, dass er einer Besucherin der Versammlungen geraten hatte – und das wäre ihm sehr schwer gefallen –, sie möchte sich ihm und vielleicht auch anderen zuliebe mit ihrer offenherzigen Kleidung etwas mehr zurückhalten. Er hätte ansonsten enorme Schwierigkeiten, seine Fantasie zu zähmen. Männer sind eben leicht irritierbar und verführbar.

Denkanstoß Nr. 3: Wir vermeiden Gefahren

Versuchungen gibt es zu tausenden. Die Möglichkeiten haben sich durch die Medien noch astronomisch gesteigert. „Wer sich in Gefahr begibt, kommt darin um“, so sagt ein gutes Sprichwort sehr treffend.

Jesus hat uns aufgetragen: „Wachet und betet, dass ihr nicht in Anfechtung fallet“ (Matthäus 26,41).

Und speziell für die Männer hat er einen hilfreichen Rat parat:

„Ich aber sage euch: Wer eine Frau ansieht, ihrer zu begehren, der hat schon mit ihr die Ehe gebrochen in seinem Herzen“ (Matthäus 5,28).

Wie gesagt, nicht das Anschauen, nicht das Schönfinden und das erotische Wohlempfinden sind Sünde, sondern das

Ausschmücken in der Fantasie, die sexuelle Begierde im Herzen und in Gedanken.

Noch eine praktische Anmerkung: Vermeiden Sie es, penetrant gegen die Selbstbefriedigung anzubeten. Wer stark zur Selbstbefriedigung neigt und ständig dagegen anbetet, verstärkt unbewusst seine sexuellen Wünsche. Er ist ja nur noch mit der Sünde beschäftigt. Es gibt in der Psychotherapie ein gutes und bedenkenswertes Wort: „Erhebst du ein Problem zum Problem, bekommst du ein Problem." Wir denken und sprechen nur noch von *der einen* Sünde. Aber es gibt noch hundert andere, die plötzlich übersehen und bedeutungslos werden. Der Teufel wird jubilieren, wenn wir uns nur noch auf eine spezielle Sünde konzentrieren.

Denkanstoß Nr. 4: Was können Frauen tun, um mit ihrer Single-Situation besser umgehen zu können?

Eine Möglichkeit besteht darin, sich mit einem anderen Single zu verbinden. Wenn wir soziologischen Untersuchungen Glauben schenken, leben auch immer mehr Frauen zusammen. Hier muss keine sexuell-körperliche Beziehung im Spiel sein. Frauen, die zusammenleben, werden besser mit ihrem Single-Sein fertig.

Ich habe mir in meiner Seelsorge- und Beratungspraxis ein Dossier angelegt, um die Aussagen von Single-Frauen zu dokumentieren, die sich in Beratungsgesprächen über ihr Zusammenleben mit Partnerinnen äußerten. Hier einige Aussagen über ihre Gründe und Motive:

- Wenn Frauen mit Frauen zusammenleben, aus Liebe, Freundschaft oder Sympathie, gelten andere Regeln als im Zusammenleben zwischen Männern und Frauen.

- Wir müssen uns nicht besitzen, wir müssen nicht eifersüchtig sein, wir können die andere lassen, wie sie ist.
- Wir beanspruchen uns sehr stark als Gesprächspartner, als Zuhörer, als Spiegel, als Ratgeber und Kritiker. Wir tauschen auch sehr detailliert sexuelle Empfindungen aus. Indem wir uns mitteilen, wird auch der sexuelle Druck gemindert.
- Unser Ausgangspunkt ist derselbe. Wir müssen uns nicht gegenseitig lange erklären. Unsere Empfindungen sind ähnlich.
- Eine Frau kann alles viel schneller verstehen, weil sie ähnlich denkt und reagiert.
- Was uns verbindet, das ist das „gemeinsame Denken". Eine Frau kann alles besser nachvollziehen.
- Man spricht über Gefühle. Wenn eine von uns ihre Tage hat, kann sich die andere voll hineinfühlen. Sie hat schließlich den gleichen Körper, den gleichen Organismus.
- Mit einer Frau ist es runder, weicher, harmonischer, weniger stressig.
- Frauen sind einfach empfänglicher für Schwierigkeiten aller Art. Wir reden darüber, wir tauschen uns darüber aus.
- Wir schlafen in getrennten Schlafzimmern. Jede braucht ihren eigenen Freiraum, aber wir sind auch jederzeit füreinander da. Unsere Einsamkeitsgefühle und sexuellen Sehnsüchte verlieren sich, wenn wir uns einander anvertrauen. Und wir können das.

Denkanstoß Nr. 5: Bewusst leben, um den Alltag zu gestalten

Leichter gesagt als getan. Da der Single für *alles* die Verantwortung allein trägt, ist er auch mehr beschäftigt als andere. Oft kann er sich auf niemanden und nichts verlassen. Nichts läuft von allein. Das führt dazu, dass er ständig auf Trab ist. Morgens und abends ist er beschäftigt, denn niemand nimmt ihm Arbeit und Verantwortung ab.

Doch was heißt bewusst leben? In der Beratungspraxis war diese Frage ein ständiges Thema. Wie kann das Leben gelingen, ohne dass Einsamkeit, Furcht, Angst vor der Zukunft den Alltag bestimmen?

Was haben Betroffene dazu zu sagen?

- „Du musst Fantasie entwickeln. Fantasie, um den Tages- und Wochenablauf problemlos zu bewältigen. Du kannst nicht drauflos leben, sonst schlägt das Chaos über dir zusammen."
- „Wochenenden, Ferien, Feiertage und Festtage müssen besonders bedacht werden. Flieht man zurück in den Schoß der Familie oder werden Urlaube und Feiertage mit neuen Ideen gefüllt? Diese Vorbereitungen müssen langfristig getroffen werden. Last-Minute-Entscheidungen, die ins Auge gehen, reißen dich seelisch richtig in die Tiefe."
- „Wenn du wissen willst, wohin die Reise geht, musst du zunächst einmal deine eigenen Bedürfnisse kennen. Solange ich mit einem Partner liiert war, kannte ich meine eigenen Bedürfnisse nicht mal von ferne. Ich glaube, ich wurde gelebt, sozusagen ferngesteuert. Wenn man nicht in einem schwarzen Loch landen will, muss man Herz und Verstand ganz gehörig mobilisieren."

- „Früher, als ich eine feste Beziehung hatte, trugen wir gemeinsam die Verantwortung für alles, was wir vorbereitet hatten. Ging etwas schief, haben wir uns gegenseitig getröstet. Heute stehe ich allein und bin auch allein für Gelingen und Misslingen verantwortlich."
- „Als meine Freundin mich verließ, fiel es mir wie Schuppen von den Augen. Ich ging arbeiten, sie blieb zu Hause und war unwahrscheinlich kreativ. Alles hat sie gemanagt. Freundschaften, Geburtstagsfeiern, Partys, Theaterbesuche und vieles mehr.

  Ich habe mich von vorne bis hinten bedienen lassen. Als sie plötzlich verschwand, stand ich völlig verlassen da. Ich sah kein Land mehr und musste ganz neu leben lernen."

Das Single-Dasein fordert in der Tat Fantasie, Kreativität und Bewusstheit. Es ist keine Begabung, die einem im Blut liegt. Es muss entwickelt, gefördert und gefordert werden. Wer das bewusste Leben nicht anpackt, wird schnell von depressiven Gefühlen heimgesucht. Wer sich hängen lässt – und welcher Single hat das nicht schon erlebt –, versinkt in Trübsal und Selbstmitleid. Und im Handumdrehen wird er von Selbstliebe und Selbstbefriedigung überrannt.

„Ich werde mit allem nicht fertig, dann gönn ich mir wenigstens ein Stück Selbstliebe." Selbstmitleid und Selbstbefriedigung sind miteinander verschwistert. Wer dem Selbstmitleid den kleinen Finger reicht, der reicht der Selbstbefriedigung die ganze Hand.

Natürlich ist ein waches und bewusstes Leben, ein Leben voller Ideen und realisierter Pläne kein Allheilmittel gegen die Selbstbefriedigung, aber es ist die Energie, die vor dem

Absturz in Verzweiflung und Sinnlosigkeit bewahrt. Sie bereichert das Leben, hilft Durststrecken zu ertragen und positive Ziele anzusteuern.

Denkanstoß Nr. 6: Wie gehen ältere allein stehende Frauen mit Sex um?

Ein Artikel in der Zeitschrift „Lydia" beschäftigte sich mit diesem Thema. Da heißt es:

„Wenn allein stehende Frauen älter werden, empfinden sie die Zeit immer mehr als Feind. Die biologische Uhr tickt unaufhaltsam. Deshalb gehen diese Frauen mit größerer Erwartung und größerer Eile an Beziehungen heran, als sie es früher getan haben. Sie überspringen den gesamten Bereich der Freundschaft, was äußerst bedauerlich ist, weil es in diesem Bereich keine Abkürzung gibt. Solange eine Beziehung nicht auf einem soliden Fundament der Freundschaft ruht, wird sie viele Schwierigkeiten mit sich bringen."[3]

Ein Pastor sagte mir einmal, dass die meisten geschiedenen Singles zwischen 40 und 50 Jahren sexuelle Beziehungen in ihrer Altersgruppe eingehen. Er halte zwar am Grundsatz der sexuellen Enthaltsamkeit vor der Ehe fest, aber diese Menschen seien „äußerst verwundbar" und man taste „die Hauptquelle ihres Trostes" an, wenn man dieses Verhalten anspräche. Diese Frauen seien „niedergeschlagen und klammerten sich an jeden Trost, den sie finden können".

Wer einmal sexuelle Erfüllung in Ehe und Partnerschaft erlebt hat, wird als Geschiedener mehr Probleme mit der Sexualität erfahren. Für Seelsorger und Berater gilt aber ganz grundsätzlich: Wer ohne Sünde ist, der werfe den ersten Stein!

Denkanstoß Nr. 7: Nicht in der Einsamkeit verharren

Einsamkeit ist in der Regel kein Schicksal und überwindbar. Wer sich einigelt, sich zurückzieht und in Selbstmitleid flieht, wird krank. Im Magazin „Focus“ heißt es:

„Bloß, warum reagiert die Physis mit solchem Leid? Tatsache ist, dass nach einer schmerzlichen Trennung vom Körper vermehrt der Stoff Cortisol produziert wird – das Stresshormon sickert ins Hirn mit dem Effekt von Konfusion und depressiven Anwandlungen. Es entsteht das scheußliche Gefühl, nicht mehr an dieser Welt teilnehmen zu können.“[4]

Jeder Single hat es selbst in der Hand, wie er Kontakte knüpft und wie er Freundschaften und Gemeinschaften beurteilt. Schon Zinzendorf formulierte das schwergewichtige Wort: „Ich konstatiere kein Christentum ohne Gemeinschaft.“ Die Gemeinschaft ist für unser Glaubensleben wichtig. Und die Gemeinschaft ist auch für körperliches und seelisches Wohlempfinden unentbehrlich. Berater und Seelsorger können bestätigen, dass die meisten seelischen Störungen auf Kontakt- und Beziehungsstörungen zurückzuführen sind. Die Gemeinschaft ist in der Tat ein Barometer für seelische Gesundheit. Wem Gemeinschaftsfähigkeit nicht gegeben ist, der kann sie einüben. Niemand ist gezwungen zu vereinsamen.

Denkanstoß Nr. 8: Sexuelle Probleme – und doch ein gutes Gewissen

Unter dieser Überschrift brachte die evangelisch-freikirchliche Zeitschrift „Single“ einen Beitrag, dessen Autor zu einem mutigen und seelsorgerischen Denkanstoß kam:

„Ohne Jesus müssten wir immer ein schlechtes Gewissen haben. Was ist die Lösung? Niemand kann mich anklagen oder verdammen. Weder ich selbst, noch ein anderer, noch Gott ... Wir Christen sind aus der Logik insofern erlöst, als die Bestrafung schon erfolgt ist: ‚Die Strafe liegt auf ihm, auf dass wir Frieden hätten' (Jesaja 53,5). Die Antwort auf jegliches schlechte Gewissen ist das Blut Jesu Christi.“[5]

Singles, Frauen und Männer, werden immer wieder schuldig. Schuld und Schuldgefühle werden den einen mehr belasten, den anderen weniger. Besonders bei Christen spielen Schuldgefühle – berechtigte, übertriebene und unberechtigte – eine große Rolle. Der Friede mit sich selbst, mit anderen und mit Gott ist gestört. Die Folgen sind häufig Selbstanklagen, Selbstverdammnis und Beschuldigungen aller Art. Nicht wenige geraten in Selbstbestrafungspraktiken.

- Sie wollen sich selbst zerstören als Strafe für ihr Versagen.
- Sie lassen sich völlig gehen und geben jede Hoffnung auf.
- Sie zerstören und quälen sich mit Magersucht, mit Alkohol und Drogen.
- Sie fügen sich mit scharfen Gegenständen Verletzungen und Wunden zu (häufig bei Boarderline-Störungen).
- Sie inszenieren Selbstmordversuche oder versuchen ernsthaft, sich umzubringen.

Bewusste Christen, die so denken und fühlen, unterliegen einem Glaubensirrtum. Wer an Christus glaubt, dem ist die Bestrafung erspart. Die Antwort auf das schlechte Gewissen ist Christi Tat am Kreuz. Der Glaube an Christus ist das gute Gewissen.

Denkanstoß Nr. 9: Mein sexuelles Fehlverhalten kann mich nicht von Christus trennen

Viele Christen, die an Christus glauben und zu ihm beten, fühlen durch ihr sexuelles Verhalten und Fehlverhalten eine Faust im Nacken. „Dein Versagen ist unentschuldbar!" Oder: „Da hast du vor einer Stunde erst um Vergebung gebeten und bist schon wieder auf sexuellem Gebiet schuldig geworden."

Der Durcheinanderbringer möchte uns zur Verzweiflung treiben. Ihm liegt daran, dass wir kapitulieren und die Hoffnung des Glaubens aufgeben. Wer an Christus glaubt, ist von der Anklage und Selbstanklage befreit. Niemand kann verdammen, auch der Mensch sich selbst nicht.

Im Römerbrief hat Paulus allen Entmutigten und Verzweifelten zugerufen:

„Wer will die Auserwählten Gottes beschuldigen? Gott ist hier, der gerecht macht. Wer will verdammen? Christus ist hier, der gestorben ist, ja vielmehr, der auch auferweckt ist, der zur Rechten Gottes ist. Wer will uns scheiden von der Liebe Gottes?" (Römer 8,33-35).

Christus ist für Sünder gestorben und nicht für Gerechte. Nichts und niemand, auch nicht unser sexuelles Fehlverhalten, kann uns von Christus trennen, wenn wir in ihm bleiben. Auch in unserem Fehlverhalten, in unserer Zielverfehlung und in unserer Sünde sind wir von ihm geliebt und angenommen. Eine Botschaft für alle. Auch für Singles.

Lassen Sie mich mit einem Gedicht von Karin Böhm schließen, das Erfüllung und Lebenszufriedenheit widerspiegelt, wenn wir einige Gesichtspunkte ernst nehmen.

So bin ich eben.
Ich bin nicht hübsch – so sagt die eine.
Ich bin nicht klug – so bedauert eine andere.
Ich bin nicht fröhlich – empfindet eine dritte.
Ich bin nicht so fähig, mein Leben zu meistern –
höre ich von dieser und jener.

So bin ich eben –
das kann traurig und niedergeschlagen machen,
wenn ich mich an meinem Unvermögen
und an meiner Eigenart wund reibe
und mich immer wieder besorgt vergleiche.

So bin ich eben –
nicht schlechter oder besser
als meine Nachbarin, meine Freundin, meine Bekannte
– sondern einfach anders –
eben ich; und ich darf sein, wie ich bin,
mit meinen Möglichkeiten und Unmöglichkeiten.

Ich darf sein, wie ich bin?
Wie gut, wenn ich Ja zu mir sagen kann.
Sei die du bist – sag Ja zu dir – du darfst es,
und du kannst es,
weil Gott schon längst Ja zu dir gesagt hat.
Er nimmt dich an, so wie du bist.
Er sagt Ja zu dir, immer wieder Ja.
Er sagt:
Ich habe dich schon immer geliebt – so wie du bist.

Anmerkungen

Vorwort

[1] Irmi Jotter/Martin Gundlach, Den könnte ich küssen ... in: DRAN, 3/1994

Kapitel 1

[1] Der Spiegel, 46/1993, S. 223

[2] Plötzlich wieder Single, Focus, 46/1998, S. 258

[3] Anita Hallemann, Als Single leben, Lydia, 1/1992, S. 16

[4] Hör Zu, 20/1993, S. 28

[5] Psychologie heute, 7/1993, S. 20

[6] Ursula Nuber, Die Egoismus-Falle, Kreuz Verlag, Stuttgart 1993, S. 25

[7] Anita Hallemann, a.a.O., S. 16

Kapitel 2

[1] W 5, 6/1997, S. 13 u. S. 14

[2] Psychologie heute, 11/1999, S. 3

[3] Frauke Krukenberg, Ledigenbetreuung, Familien- und Lebensberatung, Kreuz Verlag, Stuttgart 1975, S. 641

[4] Eva Jaeggi, Ich sag' mir selber guten Morgen, Piper Verlag, München 1997, S. 23

Kapitel 3

[1] Eva Jaeggi, a.a.O., S. 44

[2] William Graham Coole, Sexualität in Christentum und Psychoanalyse, Claudius Verlag, München, S. 93

[3] C. S. Lewis, Pardon, ich bin Christ, Brunnen Verlag, Gießen, S. 99

Kapitel 4

[1] Anne Moir u. David Jessel, Brainsex, Econ Verlag, München 1993, S. 198f

[2] John Gray, Männer sind anders, Frauen auch, Goldmann Verlag, München 1993, S. 31f u. 33f

[3] Archibald Hart, FAMILY, 1/1999, S. 25

[4] Archibald Hart, a.a.O., S. 27

[5] Archibald Hart, Lust oder Last, Schulte & Gerth, Asslar, 1995, S. 18

[6] Ingrid Trobisch, Mit Freuden Frau sein, Brockhaus Verlag, Wuppertal 1996, S. 23

[7] Irmi Jotter/Martin Gundlach, DRAN, 1994

Kapitel 5

[1] Archibald Hart, Sexualität beziehungsweise, FAMILY, 1/1999, S. 25

[2] Walter u. Ingrid Trobisch, Mein schönes Gefühl, Editions Trobisch, 1983, 3. Auflage, S. 14

[3] Arthur Domig, Den Partner ausblenden, FAMILY, 2/1997, S. 11

[4] Michael Dieterich, Sexualität – nein danke?, idea Spektrum, 4/1992, S. 19

[5] Hans-Jörg Bräumer, Wie man liebesunfähig gemacht wird, idea Spektrum, 6/1995, S. 21

[6] Dieter Martschinke/Ulrich Eggers (Hrsg.), Lieben lernen, Wuppertal, 2. Auflage, 1988, S. 42 – 47

[7] Arthur Domin, a.a.O., S. 13

[8] Single, 2/1996, S. 8 – 9

Kapitel 6

[1] Helmut Thielicke, Sex – Ethik der Geschlechtlichkeit, J. C. B. Mohr, Tübingen 1966, S. 171f

[2] Theodor Bovet, Ehekunde (Allgemeiner Teil), Katzmann Verlag, Tübingen 1961, S. 123

[3] Sex und Singles, Lydia, 1/1996

[4] Plötzlich wieder Single, Focus, 46/1998, S. 253

[5] Single, 2/1996, S. 8

[6] Karin Böhm, Marburger Blättermission, FF 17

Ulrike Schild
Allein geht man ein
Einsamkeit erleben
und bewältigen
Taschenbuch, 64 Seiten
ISBN 3-87067-846-1

Alexandra Depuhl
Gut gemeint ist nicht genug
Wie Beziehungen
gelingen können
Taschenbuch, 64 Seiten
ISBN 3-87067-811-9

Karin Vorländer
Weil ich es wert bin
Auf dem Weg zu
(m)einem Lebensziel
Taschenbuch, 64 Seiten
ISBN 3-87067-847-X

Brendow
impuls

Reinhold Ruthe
Die Kunst, trotz allem gelassen zu sein
Entspannung, Geduld, Ruhe und Gelassenheit gewinnen
Paperback, 128 Seiten
ISBN 3-87067-835-4

Reinhold Ruthe
Typen und Temperamente
Die vier Persönlichkeitsstrukturen
Paperback, 168 Seiten
ISBN 3-87067-725-2

Reinhold Ruthe
Ich mag mich
Wege zum Selbstvertrauen
Taschenbuch, 64 Seiten
ISBN 3-87067-812-7

Brendow Praxis